Redação e gestão de documentos

Redação e gestão de documentos

Diana Gurgel Pegorini

inter saberes

Rua Clara Vendramin, 58 – Mossunguê
CEP 8120-170 – Curitiba – Paraná – Brasil
Fone: (41) 2106-4170
www.intersaberes.com
editora@intersaberes.com

Conselho editorial
Dr. Alexandre Coutinho Pagliarini
Dr.ª Elena Godoy
Dr. Neri dos Santos
Dr. Ulf Gregor Baranow

Editora-chefe
Lindsay Azambuja

Gerente editorial
Ariadne Nunes Wenger

Assistente editorial
Daniela Viroli Pereira Pinto

Preparação de originais
Ana Maria Ziccardi

Edição de texto
Caroline Rabelo Gomes
Palavra do Editor

Capa
Iná Trigo (design)
Stokkete e Klavdiya Krinichnaya/
Shutterstock (imagem)

Projeto gráfico
Allyne Miara

Diagramação
Andreia Rasmussen

Designer resposável
Iná Trigo

Iconografia
Regina Claudia Cruz Prestes

Dados Internacionais de Catalogação na Publicação (CIP)
(Câmara Brasileira do Livro, SP, Brasil)

Pegorini, Diana Gurgel
  Redação e gestão de documentos/Diana Gurgel Pegorini.
Curitiba, PR: InterSaberes, 2022.

  Bibliografia.
  ISBN 978-65-5517-219-5

  1. Comunicação – Gestão 2. Documentos – Arquivamento
3. Documentos – Avaliação 4. Documentos – Fontes
5. Documentos – Gerenciamento eletrônico
6. Documentos – Gestão 7. Redação empresarial 8. Redação
oficial I. Título.

22-99357   CDD-658.4

Índice para catálogo sistemático:
1. Redação: Gestão de documentos: Administração   658.4
   Eliete Marques da Silva – Bibliotecária – CRB-8/9380

1ª edição, 2022.

Foi feito o depósito legal.

Informamos que é de inteira responsabilidade da autora a emissão de conceitos.

Nenhuma parte desta publicação poderá ser reproduzida por qualquer meio ou forma sem a prévia autorização da Editora InterSaberes.

A violação dos direitos autorais é crime estabelecido na Lei n. 9.610/1998 e punido pelo art. 184 do Código Penal.

Sumário

Apresentação — 9

Capítulo 1
Conceitos básicos na gestão de comunicação — 12
1.1 Dados, informação e conhecimento — 15
1.2 Cultura da informação — 18
1.3 Informação para gestão — 25

Capítulo 2
Documentos oficiais — 30
2.1 Redação oficial e suas características — 31
2.2 Uso dos pronomes de tratamento — 36
2.3 Padrão ofício — 42

Capítulo 3
Documentos empresariais — 48
3.1 Tipos de documentos administrativos — 50

Capítulo 4
Gestão de documentos — 82
4.1 Arquivo, arquivologia e arquivística — 88
4.2 Gestão de documentos — 98
4.3 Métodos de arquivamento — 105

Capítulo 5
Gestão eletrônica de documentos de arquivo (GED/A)
126

5.1 Fundamentos legais da GED/A 135
5.2 Preservação e conservação documental 139
5.3 Seleção de fornecedores de tecnologias para a GED/A 146

Considerações finais 153
Referências 157
Bibliografia comentada 167
Sobre a autora 171

Dedicatória

A meu pai, *in memoriam*.
A meu marido, grande companheiro e parceiro desta vida.

Apresentação

Com o avanço da tecnologia, desde o final do século XX, vivemos em uma sociedade em que a informação e todas as atividades relacionadas a ela ganham crescente importância. Estamos cercados e envolvidos por ela em todos os espaços e lugares. Nesse contexto, tanto o acesso à informação quanto sua gestão são essenciais. Trata-se de um desafio difícil de ser vencido, uma vez que somos bombardeados, em uma velocidade cada vez maior, com novos recursos informacionais.

Este livro visa preencher uma lacuna identificada no meio editorial: reunir, em uma única obra, os conteúdos relacionados à gestão da comunicação, à redação oficial e empresarial e à gestão eletrônica de documentos. Comumente, esses assuntos são apresentados em livros diferentes e desconectados e, assim, torna-se mais difícil perceber as relações existentes entre eles. Essa realidade, em última análise, dificulta a apreensão dos conteúdos em maior profundidade.

Desse modo, a primeira justificativa para a elaboração deste livro é a importância de pensar e apresentar esses conteúdos de forma sistêmica, apontando suas relações. Acreditamos que isso favorecerá o processo de aprendizagem de profissionais de secretariado, arquivistas e outros que trabalham direta ou indiretamente com a gestão da comunicação, com a redação de documentos oficiais e/ou empresariais e com a gestão eletrônica de documentos, bem como contribuirá para sua atuação profissional.

Nesta obra, vamos nos dedicar a tratar da gestão de documentos, especialmente a gestão de documentos feita de forma eletrônica. Para isso, apresentaremos os temas e os conteúdos selecionados em cinco capítulos.

Para que o leitor possa compreender com mais propriedade a sociedade do conhecimento, no Capítulo 1, abordaremos os conceitos de dados, de informação e de conhecimento, destacando a diferença entre eles.

A cultura da informação também abrange nossa comunicação e a das empresas com os órgãos públicos em todas as suas instâncias. Por essa razão, no Capítulo 2, com o objetivo de aprimorar a comunicação das empresas com o Poder Público, trataremos de alguns dos principais documentos oficiais, da redação oficial e de suas principais características. Explicaremos também alguns aspectos da linguagem formal, exigida nesse tipo de documento, como o uso correto dos pronomes de tratamento.

No Capítulo 3, nosso foco será a comunicação empresarial, com a apresentação de alguns dos tipos de documentos administrativos mais utilizados nas organizações, como carta comercial, ata, circular, contrato, memorando, relatórios e mensagens eletrônicas. A linguagem da comunicação empresarial e suas características, bem como a padronização dos documentos empresariais, também estarão entre os assuntos examinados no capítulo.

O tema do Capítulo 4 é a gestão dos documentos destacados nos capítulos anteriores. Apresentaremos a diferença entre documento e documentação e os tipos de suporte dos documentos e, com o objetivo de aprofundar o tema, trataremos da finalidade, das fases de processamento e da classificação dos documentos. Também analisaremos aspectos relacionados a arquivo e arquivologia. Os conceitos de documento e de documentação, para diferenciá-los de suporte, também serão abordados, assim como os diferentes tipos de suporte e as fases de processamento e classificação da documentação.

Enfocaremos também os princípios teórico-metodológicos da teoria arquivística, a finalidade do arquivo, suas funções básicas e classificação, a legislação arquivística, a gestão de documentos e seus fundamentos legais, as fases básicas da gestão de documentos, a avaliação de documentos e tabela de temporalidade documental.

Para finalizarmos o capítulo, apresentaremos os métodos básicos e padronizados de arquivamento de documentos, a fim de indicar todas as ferramentas necessárias para a gestão de documentos, tanto em forma física como digital.

Por fim, trataremos da gestão eletrônica de documentos, especificamente para arquivos (GED/A). No Capítulo 5, os assuntos serão a microfilmagem, a digitalização de documentos, as ações, técnicas e ferramentas tecnológicas para a conservação dos documentos digitais e os critérios técnicos a serem considerados para a seleção de fornecedores de tecnologias para a GED/A institucional.

Com relação aos órgãos públicos, também abordaremos o Sistema Eletrônico de Informações (SEI), utilizado pelo governo federal, e o eProtocolo, empregado pelo governo do Estado do Paraná como GED/A.

Esperamos que este livro constitua para você, leitor, uma importante ferramenta de consulta e estudo. Que ele possa acompanhá-lo no desafio de gerir os documentos da organização em que você atua, dando-lhe suporte, sanando suas dúvidas e orientando suas decisões de forma assertiva.

1 Conceitos básicos na gestão de comunicação

A primeira condição para modificar a realidade consiste em conhecê-la.

Eduardo Galeano

Vivemos, atualmente, na sociedade da informação ou na sociedade do conhecimento? Segundo Rodriguez e Ferrante (2000), foi a sociedade da informação, por meio da revolução tecnológica, que abriu espaço para a sociedade do conhecimento. No Quadro 1.1, apresentamos uma síntese das mudanças que os modelos de sociedade sofreram no que diz respeito à base para sua construção e para sua mudança.

Quadro 1.1 – A evolução das sociedades

Sociedade	Pilares de sustentação	Agente de mudança	Duração
Agrícola	Terra, força do trabalho escravo e capital	Igreja	Milhares de anos
Industrial	Meios de transporte, energia e indústria	Estado	Aprox. 300 anos
Informação	Tecnologia de informação e energia, valores intangíveis	Empresas	A partir da década de 1940
Conhecimento	Conhecimento	Redes de pessoas	A partir da década de 1940
Luz	Recursos renováveis, natureza	Organizações não governamentais	A partir da década de 1990

Fonte: Rodriguez; Ferrante, 2000, p. 19.

No início da década de 1940, surgiu a preocupação com a informação e sua gestão, ganhando impulso a partir dos anos de 1990. A preocupação genuína de entidades como a Organização para a Cooperação e Desenvolvimento Econômico (OCDE)[1] e de seus membros era decorrente da compreensão de que, a partir da era pós-industrial, a informação passaria a ser moeda de grande valor, constituindo-se em um fator competitivo importante nas organizações para sua manutenção, implementação e desenvolvimento.

A sociedade da informação, conforme Valentim (2002, p. 1), tem "economia alicerçada na informação e na telemática, ou seja, informação, comunicação, telecomunicação e tecnologias da informação".

Dessa forma, a sociedade da informação

> e sua relação com a economia de um país se dão através de uma superestrutura de comunicação, apoiada em tecnologias da informação e, o mais importante, o conhecimento, sua geração, armazenamento e disseminação, ou seja, o que se denomina atualmente de 'nova economia', é a associação da informação ao conhecimento, sua conectividade e apropriação econômica e social. Além disso, exige dos diferentes segmentos econômicos uma mudança significativa no processo produtivo e inovativo. (Valentim, 2002, p. 1)

Novos processos produtivos foram instaurados e seguem em franco processo de desenvolvimento; superestruturas de comunicação foram criadas, e novas tecnologias continuam sendo pensadas com base na informação. Atualmente, a informação é o ativo mais precioso que uma organização pode ter e tornou-se

---
[1] Também conhecida como "clube dos países ricos", a OCDE, mediante a parceria entre seus países-membros, busca promover o desenvolvimento econômico.

fator de competitividade. Nesse contexto, a capacidade de criar, gerar, armazenar e vender informação é determinante para o sucesso da empresa.

É possível acompanhar, com base na discussão instaurada em nosso país com relação à internet 5G, como se configura esse cenário relacionado à informação. Todos os países almejam disponibilizar, com a maior rapidez possível, o acesso à internet com uma velocidade ainda maior para seus cidadãos.

A internet é uma importante e necessária ferramenta para que a informação trafegue velozmente; portanto, a discussão não é sobre a necessidade ou não da adoção da internet 5G, mas sobre o modelo mais barato e mais eficiente: o fornecido pelos EUA ou o fornecido pela China. Em outras palavras, trata-se de uma guerra comercial.

1.1 Dados, informação e conhecimento

Se a informação assume todo esse protagonismo nas organizações na era pós-industrial, o mesmo ocorre com os dados e o conhecimento, pois estão intimamente ligados à informação, apesar de não serem termos sinônimos.

Para Setzer (1999, p. 1), dado é "uma sequência de símbolos quantificados ou quantificáveis. Portanto, um texto é um dado. [...] Também são dados fotos, figuras, sons gravados e animação [...]".

Já para Miranda (1999, p. 286), "dado é o conjunto de registros qualitativos ou quantitativos conhecido, que, organizado, agrupado, categorizado e padronizado adequadamente, transforma-se em informação".

Setzer (1999) destaca não ser necessário entender o texto para que ele seja considerado um dado, porém Miranda (1999) vê a necessidade de que o dado esteja organizado para transformar-se em informação.

Com isso, fica fácil entender o que é informação: "são os dados organizados de modo significativo, sendo subsídio útil à tomada de decisão" (Miranda, 1999, p. 287).

Em outras palavras, os dados pelos dados podem não ser úteis para as organizações. Os dados soltos, desagrupados, desorganizados e sem qualquer padrão não têm utilidade para as empresas. Eles são úteis quando estão organizados de forma que se possa ver a relação existente entre eles.

Em um contexto organizacional, Davenport (2003, p. 2) vai mais longe ao explicar que "dados são utilitariamente descritos como registros estruturados de transações". Por exemplo, o cliente vai a determinado supermercado para comprar alguns itens. Essa compra é um dado porque é possível informar o que o cliente comprou, quanto pagou pela compra e qual foi a forma de pagamento (dependendo da forma de pagamento, é possível identificar, inclusive, os dados pessoais do cliente). Ainda assim, com esses dados sozinhos, não se pode saber por que o cliente preferiu esse supermercado ou outro qualquer, se o supermercado é ou não bem administrado etc.

Os dados costumam ser armazenados conforme os departamentos aos quais pertencem no sistema das organizações. Os dados do exemplo da compra do cliente em um supermercado, muito provavelmente, serão armazenados no departamento financeiro. Se esses dados forem organizados de forma adequada, poderão fornecer informações relevantes para os departamentos de compras e de controle de estoque.

A informação deve apresentar relevância e propósito para ultrapassar a condição de mero dado, uma vez que informar é "dar a forma a", nas palavras de Davenport (2003, p. 4), com o objetivo de "modelar a pessoa que a recebe no sentido de fazer alguma diferença em sua perspectiva ou *insight*".

A informação movimenta-se pelas organizações por redes *hard* e *soft*. A rede *hard* tem uma infraestrutura definida: fios, utilitários de entrega, antenas parabólicas, centrais de correio, endereços, caixas postais eletrônicas. Estão entre as mensagens que essas redes entregam o correio eletrônico, o correio tradicional ou entregas expressas e as transmissões via Internet. A rede *soft* é menos formal e visível. Ela é circunstancial. Alguém que lhe entregue uma anotação ou a cópia de um artigo marcado "Para sua informação" é um exemplo de informação transmitida por rede *soft*. (Davenport, 2003, p. 4)

Para que a informação se transforme em conhecimento, é fundamental que ela passe por um processo criativo e intelectual. Davenport (2003, p. 7) descreve esse processo por meio dos quatro Cs:

Comparação: de que forma as informações relativas a esta situação se comparam a outras situações conhecidas;

Consequências: que implicações estas informações trazem para as decisões e tomadas de ação?

Conexões: quais as relações deste novo conhecimento com o conhecimento já acumulado?

Conversação: o que as outras pessoas pensam desta informação?

O conhecimento é, portanto, cumulativo. Podemos desenvolvê-lo ao longo do tempo, em nossa carreira profissional e/ou acadêmica. É o longo caminho tomado pela leitura de livros, pela realização de cursos e pela interação com outras pessoas. É uma construção que se inicia desde os primeiros dias de vida e só para quando morremos, afinal, somos seres inacabados e, nessa condição, estamos em contínuo processo de crescimento e desenvolvimento.

O mesmo acontece nas organizações. Nelas, também o conhecimento é cumulativo e construído ao longo de toda a sua história, sendo transmitido por gerações por meio da cultura organizacional refletida nos processos administrativos adotados por ela, por exemplo.

Nesse contexto, ressaltamos que não existe conhecimento sem informação e, consequentemente, não existe informação sem dado(s). O conhecimento é criado com base na informação, composta de um ou vários dados, que é "depurada" em processo criativo e intelectual, possível apenas ao ser humano.

1.2 Cultura da informação

O que, especificamente, se discute quando se fala em *cultura da informação*? Para Menou (1996), a cultura da informação está relacionada à capacidade de utilização da informação, seja de forma individual, seja por grupos (países, empresas etc.). Resumidamente, seria a capacidade de utilizar a(s) informação(ões) da melhor forma possível, atribuindo-se a ela(s) relevância e propósito.

Menou (1996, p. 2) argumenta que

> essa definição introduz uma distinção relativa à "alfabetização em informação", a qual eu interpretaria mais como a habilidade de usar produtos de informação textual. A aceitação do primeiro conceito

tende, entretanto, a limitar excessivamente o papel da cultura ao estágio de consumo no ciclo da informação. A cultura, no entanto, permeia também a criação da informação.

Essa capacidade precisa, e pode, ser desenvolvida tanto de forma individual quanto em grupo. De acordo com Menou (1996, p. 2),

> a habilidade de usar a informação resultaria, em primeiro lugar, de algum tipo de "caráter nacional", ou seja, herança cultural. Assim, essa habilidade seria de certa maneira um traço inevitável, se não inato. Mais, ela resultaria de práticas individuais e coletivas, práticas essas influenciadas pela cultura dos grupos em questão. E essa habilidade poderia finalmente ser formada pela educação e treinamento, tanto quanto pela experiência, a qual poderia fortalecer, e até corrigir, as tendências naturais.

Como as mudanças tecnológicas e informacionais ainda estão ocorrendo e elas se iniciaram em nosso país de forma significativa na década de 1990 (menos de 50 anos!), ainda não é possível falar de herança cultural em relação à habilidade coletiva com a informação. Daí a necessidade de essa habilidade ser construída coletivamente.

Se essa habilidade pode ser formada pela educação e pelo treinamento, vale destacarmos alguns índices na área da educação que podem desvelar o "retrato" de nosso país.

Podemos iniciar nossa análise pelo índice de analfabetismo no Brasil, que, em 2019, segundo a Pesquisa Nacional por Amostra de Domicílios Contínua (Pnad Contínua), foi de 6,6%, com 11 milhões de analfabetos, sendo espantoso o índice referente à Região Nordeste: 13,9%; nas Regiões Sudeste e Sul, o índice foi de 3,3%, na Região Norte, de 7,6% e, no Centro-Oeste, de 4,9% (IBGEeduca, 2022a).

Apenas esses dados já demonstram a desigualdade existente em nosso país, mas não é apenas isso.

A desigualdade se manifesta também na taxa de analfabetismo entre homens e mulheres na medida em que, para os homens, o índice obtido foi de 6,9% e, para as mulheres, de 6,3%. Para as pessoas pretas ou pardas, o índice foi de 8,9% e, para as pessoas brancas, de 3,6% (IBGEeduca, 2022a).

O analfabetismo atinge os pobres e pretos. Isso evidencia a ausência, ou a pouca eficiência, das políticas públicas governamentais para esse público. Com relação aos pretos, explicita o racismo estrutural enraizado em nossa sociedade.

Demonstra também que a educação não é prioridade e que, como nação, ainda não entendemos que é por meio da educação, e não por outra via, que nos tornaremos uma nação competitiva e grande do ponto de vista socioeconômico. Fica evidente, ainda, a ausência de política e de preocupação com a cultura da informação se fizermos uma comparação com outros países.

Não por acaso, as nações desenvolvidas investem maciçamente em educação, buscando tornar-se cada vez mais competitivas no cenário internacional. Essas nações já perceberam que é necessário forjar cidadãos progressivamente capazes e hábeis em manusear e criar informação relevante. É o que aconteceu, por exemplo, na Coreia do Sul e na Finlândia.

A pergunta é: Como desenvolver a habilidade para utilizar a informação da melhor forma possível em um país sem pensar em seus atores (indivíduos, grupos, cidadãos etc.)?

O desafio é gigantesco no Brasil, uma vez que apenas 46,6% da população brasileira de 25 anos ou mais de idade declarou ter frequentado a escola até o ensino fundamental completo, 27,4%, o ensino médio e 17,4%, o superior completo. Esses são dados fornecidos pela Pnad Contínua referente a 2019 e publicados pelo Portal do Instituto Brasileiro de Geografia e Estatística – IBGEeduca (2022a).

Não há como negar que o acesso ao ensino e à permanência na escola tem relação direta com o grau de habilidade no uso da informação.

O desafio torna-se ainda maior na perspectiva de Menou (1996, p. 2):

> todo sistema de informação repousa sobre quatro pilares: (1) a infraestrutura informacional, (2) a informação, sob todos os seus aspectos, (3) os atores, sejam indivíduos ou comunidades, que são os produtores, mediadores e usuários da informação, e (4) as bases de conhecimento com ambos relacionadas, informação e atores.

Para Menou (1996, p. 3), "os atores estão envolvidos em todas as etapas do ciclo da informação" e assumem a centralidade de todo o processo. Por isso, as habilidades dos atores são a chave para a efetividade ou não dos processos informacionais. Daí a importância de construirmos a familiaridade dos atores com a informação e os processos informacionais: primeiro como hábeis usuários e mediadores da informação para então chegarmos à condição de excelentes produtores da informação.

Pesquisas realizadas pelo IBGE sobre a utilização da internet apontam um panorama sobre a familiaridade dos brasileiros com a internet, como vemos na Tabela 1.1.

Tabela 1.1 – Utilização da internet no Brasil (2018 e 2019)

	2018 %			2019 %		
	Total	Urbana	Rural	Total	Urbana	Rural
Brasil	79,1	83,8	49,2	82,7	86,7	55,6
Norte	72,1	83,0	33,1	76,0	86,5	38,4
Nordeste	69,1	77,2	44,2	74,3	81,3	51,9
Sudeste	84,8	86,5	59,4	87,3	88,8	64,6
Sul	81,1	84,0	61,4	84,9	87,5	67,2
Centro-Oeste	83,5	86,4	56,5	86,4	88,9	62,1

Fonte: Elaborado com base em IBGEeduca, 2022b.

A desigualdade social, grande problema do país, manifesta-se também na diferença de acesso à internet nas regiões: as mais pobres têm menos domicílios com acesso à internet. Na área rural, também há mais domicílios sem acesso à internet do que na área urbana.

Atualmente, é inimaginável um cidadão comum viver sem acesso à internet, visto que todos os serviços públicos federais, estaduais e municipais são oferecidos por meio da internet. Para receber qualquer benefício do governo, o indivíduo precisa fazer seu cadastro, preencher formulários, acessar informações e orientações via *sites* disponibilizados na internet. Justificar ausência na eleição, enviar Imposto de Renda Pessoa Física (IRPF), solicitar auxílio emergencial, entre tantas outras atividades, só é possível via internet, preferencialmente por meio do uso de aplicativos.

Em uma sociedade em que a informação e o conhecimento são muito valorizados, a falta de acesso à internet condena milhares de pessoas à exclusão digital e, consequentemente, à exclusão social.

Tabela 1.2 – Motivos para não utilização da internet no Brasil (2018 e 2019)

Motivo da não utilização	2018 Área em %		2019 Área em %	
	Rural	Urbana	Rural	Urbana
Falta de interesse em acessar a internet	24,8	39,4	24,1	37,3
Serviço de acesso à internet era caro	24,2	25,9	25,3	26,7
Nenhum morador sabia usar a internet	20,7	26,1	21,4	27,9
Serviço de acesso à internet não estava disponível na área do domicílio	20,8	1,0	19,2	0,6
Equipamento eletrônico necessário para acessar a internet era caro	5,9	4,1	6,6	4,2
Outro motivo	3,6	3,3	3,5	3,2

Fonte: Elaborado com base em IBGEeduca, 2022b.

Por que há índices altos de falta de interesse tanto na área urbana quanto na rural em uma sociedade marcada pela informação e pelo uso massivo de tecnologias?

É possível imaginar que essa falta de interesse (Tabela 1.2) tenha relação direta com o fato de o morador não saber usar a internet. Como ter interesse por algo se não se conhecem seu uso e sua potencialidade?

Pesa para a população também o custo elevado do acesso à internet e dos equipamentos, bem como o fato de que a internet ainda não chega a todos os lares brasileiros.

Tabela 1.3 – Equipamentos utilizados para acesso à internet no Brasil (2017 a 2019)

Equipamento	2017	2018	2019
Telefone móvel celular	98,7%	99,2%	98,6%
Microcomputador	52,4%	50,7%	46,2%
Televisão	16,1%	23,1%	31,9%
Tablet	15,5%	12,0%	10,9%

Fonte: Elaborado com base em IBGEeduca, 2022b.

Como vemos na Tabela 1.3, o acesso à internet é feito, preferencialmente, pelo telefone móvel, uma vez que ele chega a 99,2% dos lares brasileiros. Segundo o IBGEeduca (2022b), "o envio e recebimento de mensagens de texto, voz ou imagens por aplicativos (não e-mail) continua sendo o principal [objetivo], indicada por 95,7% das pessoas com 10 anos ou mais de idade que utilizaram a rede".

A familiaridade do brasileiro com as tecnologias informacionais foi testada em seu grau máximo com o distanciamento social exigido na pandemia de covid-19, iniciada em 2020.

A necessidade de distanciamento social provocou um novo cotidiano nas empresas: seus colaboradores passaram a trabalhar em casa, em sistema *home office*. Se houve um aspecto positivo nessa situação foi o fato de se descobrir que muito do que se fazia nas empresas é possível fazer em casa, remotamente.

Quanta resiliência foi demonstrada nesse contexto único e histórico!

Escolas e universidades precisaram, do dia para a noite, oferecer aulas *on-line* para seus alunos. Como muitos afirmaram, "dormimos analógicos para acordarmos digitais em um curtíssimo período". Algumas instituições de ensino conseguiram fazer isso em quinze dias, mas outras necessitaram de três a seis meses para se organizarem. Algumas, após dez meses sob os efeitos da pandemia, ainda não estavam preparadas para ofertar as aulas *on-line*.

O mesmo aconteceu com os alunos. Os que tinham grande familiaridade com a tecnologia informacional rapidamente se adaptaram às aulas oferecidas. Outros foram atropelados pela ausência de equipamentos e de acesso a um bom sinal de internet. Percebeu-se que só o acesso à internet não era suficiente: o sinal precisa ser de boa qualidade e estável.

Com as dificuldades, surgem grandes oportunidades. Esse é um momento bastante oportuno para formar, pela educação, o cidadão voltado para a cultura da informação de que tanto necessitam os indivíduos, as organizações e a nação brasileira.

1.3 Informação para gestão

Com a revolução informacional e tecnológica, o processo de automação das atividades físicas mais pesadas e rotineiras liberou o homem, por assim dizer, para as atividades intelectuais.

Nesse contexto, o processo criativo pode "florescer e dar espaço para a diferenciação a partir dos valores intangíveis" (Rodriguez; Ferrante, 2000, p. 20). Esses valores intangíveis são:

> Competência do Funcionário: está relacionada a capacidade de pensar e agir das pessoas em diversas situações para a criação tanto de ativos tangíveis como intangíveis.
>
> Estrutura Interna: esta inclui patentes, conceitos, modelos e sistemas administrativos e de computadores, além da cultura e espírito organizacional. [...]
>
> Estrutura Externa: esta estrutura inclui relações com clientes e fornecedores, bem como marcas, marcas registradas e a reputação da imagem da empresa. (Rodriguez; Ferrante, 2000, p. 20)

Se a competência do funcionário é um dos valores intangíveis de uma organização, as atenções de todos se voltam para o conhecimento humano, sua estruturação e evolução, a renovação do conhecimento como valor agregado e o crescimento acelerado e contínuo do conhecimento do indivíduo como fator de diferenciação e empregabilidade.

A preocupação da organização concentra-se no conhecimento organizacional e no processo de construção desse conhecimento, buscando-se gerir a informação para a gestão e para a aprendizagem organizacional, de modo a alcançar resultados ainda melhores.

Para Shinyashiki, Trevizan e Mendes (2003, p. 500), o conhecimento organizacional é "o ativo invisível que é acumulado vagarosamente ao longo do tempo e, desta forma, está impossibilitado de ser negociado ou facilmente imitado por concorrentes [...]".

A aprendizagem organizacional é necessária para criar e manter a organização em uma posição vantajosa em relação às demais. É preciso descobrir o que torna uma empresa mais eficiente, eficaz e efetiva. Ademais, deve-se repensar esse processo e estrutura de forma contínua para fazer isso cada vez melhor e em menor tempo.

Shinyashiki, Trevizan e Mendes (2003, p. 500) apontam dois significados para a aprendizagem organizacional: "operacional – relativo à aquisição de habilidades ou know-how [...] e, conceitual – que se refere à aquisição de know-why [...]; em outros termos, é o 'raciocínio por trás do porquê as coisas são feitas'".

Saber o que fazer e por que fazer é a chave que as organizações precisam criar para abrir todas as portas necessárias para serem cada vez melhores, para sobreviverem e se destacarem. As organizações necessitam atender às expectativas da sociedade, dos clientes e, consequentemente, gerir a informação e o conhecimento para subsidiar a tomada de decisão.

Veja a comparação do paradigma da sociedade industrial com o paradigma da sociedade do conhecimento no Quadro 1.2.

Quadro 1.2 – Princípios da organização do conhecimento

Item	Paradigmas da sociedade industrial	Novos paradigmas da sociedade do conhecimento
Pessoas	Custo	Receita
Gerentes	Donos do poder	Poder relativo ao conhecimento
Luta de classes	Baseada na força física: trabalhadores × capitalistas	Baseada em conhecimento: trabalhadores × gerentes
Principal tarefa da gerência	Supervisão dos subordinados	Apoio aos colaboradores
Informação	Instrumento de controle	Ferramenta para comunicação
Produção	Valores tangíveis	Valores intangíveis
Fluxo de informação	Hierárquico organizacional	Redes
Principal origem da receita	Tangíveis	Intangíveis
Estrangulamento na produção	Capital financeiro e habilidades humanas	Tempo e conhecimento
Fluxo de produção	Sequencial	Flexível e dinâmico
Efeito de porte	Economia de escala no processo de produção	Economia de escopo das redes
Relacionamento com o cliente	Unilateral pelos mercados	Interativo pelas redes pessoais
Conhecimento	Um recurso entre outros	O diferencial competitivo
Finalidade do aprendizado	Aplicação de novas ferramentas	Criação de novos ativos
Valores do mercado acionário	Regidos pelos ativos tangíveis	Regidos pelos ativos intangíveis

Fonte: Rodriguez; Ferrante, 2000, p. 33.

Com base no Quadro 1.2, é possível afirmar que os colaboradores, atualmente, são considerados ativos e não mais passivos; que o poder do gerente, bem como dos demais colaboradores, é relativo ao conhecimento que se domina, e isso ocorre porque o conhecimento é definitivamente o grande diferencial competitivo; a principal tarefa da gerência e dos supervisores é dar apoio aos colaboradores para que eles possam criar novos ativos para a organização, assentados na aprendizagem organizacional. Nesse contexto, são muito valorizados o trabalho em equipe, a interação com grupos e clientes por redes, o trabalho flexível e dinâmico, para o alcance de ativos intangíveis para si e para as organizações onde trabalham.

Rodriguez e Ferrante (2000, p. 20-21) apontam os valores a seguir listados como os intangíveis mais valorizados pela organização:

» **Tempo de entrada no mercado (*time to market*)**: tempo despendido entre a concepção inicial de um produto ou serviço até sua efetiva oferta para os clientes. Quanto mais rápido a organização puder fazer isso, melhor.
» **Tempo de acesso à informação**: o ideal é ter acesso à informação armazenada eletronicamente em tempo real ou de forma rápida.
» **Visão estratégica**: é importante identificar o melhor negócio sob o aspecto estratégico para a sobrevivência e continuidade da organização.
» **Conhecimento**: deve-se produzir conhecimento significativo e comercializá-lo, como valores intangíveis valiosos que são. É o que conhecemos por *know-how* (como fazer). É preciso disseminar e aplicar o conhecimento, pois o diferencial da organização reside nisso.

- » **Inovação**: por meio do trabalho intelectual, é possível buscar a melhoria de forma contínua para produtos e serviços.
- » **Imagem**: é preciso preocupar-se com a imagem comercial do produto e do serviço oferecidos, uma vez que se trata de um valor intangível apreciado pelos clientes.

Um dos pontos sensíveis nas organizações é o tempo de acesso à informação. Apesar da preocupação recorrente com o armazenamento de todos os dados da organização, o acesso nem sempre é fácil e ágil em virtude das ferramentas e dos aplicativos usados.

2 Documentos oficiais

Quem não sabe o que busca não identifica o que acha.

Immanuel Kant

A sociedade civil, por meio de seus cidadãos e empresas privadas, ao se comunicar com o Poder Público, precisa fazer uso das mesmas regras estabelecidas por ele na comunicação oficial.

Em 2018, essas regras foram revistas e atualizadas por meio da publicação do *Manual de redação da Presidência da República*. São essas regras e normas que vamos apresentar e explicar neste capítulo. Sabemos que existe uma grande possibilidade de a empresa em que você atua ou para a qual presta serviço precisar se comunicar com os órgãos públicos. Por isso, acreditamos que esses conhecimentos lhe serão de grande valia.

2.1 Redação oficial e suas características

A redação oficial diz respeito à "maneira pela qual o Poder Público redige comunicações oficiais e atos normativos" e tem como características a clareza, a precisão, a objetividade, a coesão, a coerência, a impessoalidade, a formalidade e a padronização, bem como o uso da norma padrão da língua portuguesa (Brasil, 2018, p. 16).

Ressaltamos que, além dessas características, a redação oficial deve considerar tópicos fundamentais do texto escrito, como pontuação, acentuação, grafia correta das palavras, precisão vocabular e vícios de linguagem. Na verdade, todas elas são essenciais para todo texto bem-redigido.

A **clareza** e a **precisão** são necessárias para garantir a imediata compreensão do texto oficial, evitando-se o uso desnecessário de termos técnicos ou de jargão conhecidos apenas por uma pequena parcela da sociedade, bem como o emprego de expressões ou palavras que possam gerar dúvida com relação ao seu significado, como as palavras de pouco uso ou capazes de gerar uma interpretação ambígua.

A ambiguidade corresponde à possibilidade de atribuir a uma frase duas ou mais interpretações. Isso pode ocorrer em razão da disposição das palavras na frase e, principalmente, pelo fato de algumas palavras terem mais de um significado e, por isso, assumirem diferentes sentidos, dependendo do contexto em que estão sendo usadas ou da intenção do falante.

Por exemplo, quando pensamos na palavra *manga*, sabemos que ela pode significar tanto o nome de uma fruta como a parte da roupa. A palavra *cara* pode ser um substantivo e referir o rosto de uma pessoa ou um adjetivo e transmitir a ideia de uma pessoa querida; pode ainda fazer referência a algo que tem um custo maior do que se pode pagar.

Vejamos as construções a seguir e como a ambiguidade pode ser identificada:

(1) Felipe quebrou a cara.
(2) João beijou Maria; Paulo também.
(3) Os funcionários comeram duas marmitex.
(4) Pedro disse a João que ele foi demitido.
(5) Tereza disse a Flora que bateu seu carro.

Na frase (1), o leitor pode tanto interpretar que Felipe sofreu um acidente e machucou o rosto como interpretar que Felipe passou por uma decepção. Na frase (2), a ambiguidade está no fato de que o autor pode estar afirmando que João beijou Maria e Paulo, mas é possível interpretar também que João e Paulo beijaram Maria. Ao se afirmar que os funcionários comeram duas marmitex, na frase (3), é possível tanto entender que, no total, os funcionários comeram duas marmitex quanto concluir que cada um dos funcionários comeu duas marmitex, independentemente de quantos funcionários sejam.

Com relação à frase (4), podemos questionar: Quem foi demitido, Pedro ou João? Por fim, na frase (5), o carro é de Tereza ou de Flora? Observe que o pronome possessivo (seu) tanto pode estar relacionado à Tereza como à Flora, isto é, Tereza teria pegado o carro de Flora emprestado.

A solução para evitar a ambiguidade em cada um desses cinco exemplos pode estar na reorganização da frase, no uso de outro termo, na repetição de uma palavra ou no contexto. Por isso, é importante o domínio dos recursos que a língua oferece.

Como não se trata do assunto principal desta obra, não vamos nos aprofundar mais nele, mas ressaltamos que, às vezes, a ambiguidade é criada intencionalmente, como acontece em algumas campanhas publicitárias ou textos de humor; porém, ela deve ser evitada em textos formais, como os documentos oficiais.

Por sua vez, a **objetividade** consiste em abordar um assunto da forma mais direta possível, sem rodeios. Para tanto, deve-se focar o objeto da questão, com base no que pode ser observado, ou seja, no que é importante, sem acrescentar análises desnecessárias e considerações que não são essenciais para a compreensão da mensagem.

Para garantir a máxima objetividade, é preciso evitar o uso de palavras redundantes apenas para "florear" o texto e do estilo rebuscado na escrita.

A **concisão**, muito similar à objetividade, é a qualidade dos bons textos de transmitir uma informação por meio de poucas palavras, sem prejuízo da compreensão da mensagem. Para alcançar a concisão, deve haver o pleno domínio do assunto, a fim de que seja possível transmitir a ideia central e as ideias secundárias de forma lógica.

Para ilustrar o que é o exercício da concisão, citamos uma famosa frase atribuída a Voltaire: "Escrevo-vos uma longa carta porque não tenho tempo de a escrever breve". A brevidade e a concisão tomam mais tempo e, como já afirmamos, é necessário ter domínio do assunto abordado.

A **coesão**, qualidade de todo texto bem-desenvolvido, diz respeito ao encadeamento lógico estabelecido entre as palavras que estruturam as frases, à relação criada entre as frases e os parágrafos de um texto. Como muitos já afirmaram, a coesão é como uma "costura" entre as ideias que pretendemos desenvolver ao longo do texto e está relacionada ao uso correto de preposições, conjunções, advérbios e locuções adverbiais, entre outras categorias. Saber usar corretamente esses recursos linguísticos não apenas evita as repetições desnecessárias no texto como também garante a progressão lógica do texto. A coesão está intrinsecamente relacionada à coerência textual.

A **coerência** diz respeito à harmonia na forma como as ideias são apresentadas em um texto. Em outras palavras, relaciona-se ao sentido do texto e à sua não contradição. Costumamos notar a falta de coerência em um texto quando, de um parágrafo para outro, há uma mudança brusca de assunto ou, ainda, quando a ideia de um parágrafo parece ter ficado incompleta ou sem relação com as outras. O texto sem coerência deixa o leitor confuso por conter elementos desconexos entre os parágrafos, sem lógica no encadeamento de ideias e sem a conclusão do que é dito.

A comunicação escrita oriunda ou dirigida ao Poder Público deve priorizar o uso da norma padrão da língua portuguesa a fim de garantir a presença das características dos textos mais formais, como a impessoalidade, a formalidade e a padronização.

A **impessoalidade** textual diz respeito ao distanciamento, à não subjetividade. Na linguagem, a marca da impessoalidade é o uso da terceira pessoa do singular, dos pronomes de tratamento e da não manifestação de juízos de valor ou de opiniões.

Com a impessoalidade, pretende-se garantir a equidade e a isenção aos atos públicos. Por isso, a redação oficial é "elaborada sempre em nome do serviço público e sempre em atendimento ao interesse geral dos cidadãos" (Brasil, 2018, p. 20).

Toda comunicação oriunda ou destinada ao Poder Público deve seguir as formalidades de tratamento, devendo-se observar o uso do pronome de tratamento adequado e compatível com o cargo exercido pela autoridade. Também se deve buscar a uniformidade das comunicações, obedecendo-se à padronização do modelo adotado nos documentos oficiais, assim como preocupar-se com a boa apresentação do texto, que não pode conter erros de digitação e deve ser redigido em papel timbrado e conforme a norma padrão da língua portuguesa. A **formalidade** e a **padronização**, além de promoverem a civilidade na comunicação, asseguram a impessoalidade.

Depois de destacarmos os elementos que devem estar presentes em documentos dirigidos aos órgãos públicos, vamos tratar das formas de tratamento.

2.2 Uso dos pronomes de tratamento

Sempre que se trata de redação oficial, é necessário considerar também o uso dos pronomes de tratamento. A relação é bastante simples: ao redigir um documento, é preciso fazer seu endereçamento, tanto no envio do documento pelos correios como no realizado por meio digital. No corpo do documento, deve-se usar um vocativo e observar a forma correta de tratamento para cada autoridade. Vamos, então, estudar esses pronomes?

O uso dos pronomes de tratamento passou por uma simplificação com a publicação do *Manual de redação da Presidência da República* em sua terceira edição, de 2018. Observe as indicações apresentadas no Quadro 2.1, a seguir.

Autoridade	Endereçamento	Vocativo	Tratamento no corpo do texto	Abreviatura
Presidente da República	A Sua Excelência, o Senhor	Excelentíssimo Senhor Presidente da República,	Vossa Excelência	Não se usa
Presidente do Congresso Nacional	A Sua Excelência, o Senhor	Excelentíssimo Senhor Presidente do Congresso Nacional,	Vossa Excelência	Não se usa
Presidente do Supremo Tribunal Federal	A Sua Excelência, o Senhor	Excelentíssimo Senhor Presidente do Supremo Tribunal Federal,	Vossa Excelência	Não se usa
Vice-Presidente da República	A Sua Excelência, o Senhor	Vice-Presidente da República,	Vossa Excelência	V. Exa.
Ministro de Estado	A Sua Excelência, o Senhor	Senhor Ministro,	Vossa Excelência	V. Exa.
Secretário-Executivo de Ministério e demais ocupantes de cargos de natureza especial	A Sua Excelência, o Senhor	Senhor Secretário-Executivo,	Vossa Excelência	V. Exa.
Embaixador	A Sua Excelência, o Senhor	Senhor Embaixador,	Vossa Excelência	V. Exa.
Oficial-General das Forças Armadas	A Sua Excelência, o Senhor	Senhor + Posto,	Vossa Excelência	V. Exa.
Outros postos militares	Ao Senhor	Senhor + Posto,	Vossa Senhoria	V. Sa.
Senador da República	A Sua Excelência, o Senhor	Senhor Senador,	Vossa Excelência	V. Exa.
Deputado Federal	A Sua Excelência, o Senhor	Senhor Deputado,	Vossa Excelência	V. Exa.
Ministro do Tribunal de Contas da União	A Sua Excelência, o Senhor	Senhor Ministro do Tribunal de Contas da União,	Vossa Excelência	V. Exa.
Ministro dos Tribunais Superiores	A Sua Excelência, o Senhor	Senhor Ministro,	Vossa Excelência	V. Exa.

Fonte: Brasil, 2018, p. 23-24.

Documentos oficiais

Foram suprimidos os seguintes pronomes de tratamento da edição anterior para a nova edição do *Manual de redação da Presidência da República*: *Magnífico Reitor* e *Vossa Magnificência*, para reitores de universidades.

É importante destacar que, na nova edição do referido manual (Brasil, 2018), nada é mencionado com relação aos pronomes de tratamento para as autoridades religiosas. Os seguintes pronomes de tratamento, constantes na edição anterior, sequer são mencionados na nova edição: *Santíssimo Padre* e *Vossa Santidade*, para o papa, líder espiritual da Igreja Católica e Chefe de Estado do Vaticano; *Vossa Eminência* ou *Vossa Eminência Reverendíssima*, para os cardeais; *Vossa Excelência Reverendíssima*, para arcebispos e bispos; *Vossa Reverendíssima* ou *Vossa Senhoria Reverendíssima*, para monsenhores, cônegos e superiores religiosos; *Vossa Reverência*, para sacerdotes, clérigos e demais religiosos.

O uso dos pronomes de tratamento *ilustre* ou *ilustríssimo* e *digno* ou *digníssimo* havia sido desaconselhado na edição de 2002, recomendação mantida na edição de 2018.

Quanto à expressão *doutor*, a recomendação na edição de 2002 era o uso de forma bastante cuidadosa, uma vez que se trata de título acadêmico e não de pronome de tratamento. Então, somente faz jus ao uso dessa expressão quem tem o diploma de doutor(a). Por força de tradição, as formas *doutor* e *doutora* também são utilizadas para os seguintes profissionais: médico(a) e advogado(a).

Em 11 de abril de 2019, foi publicado o Decreto n. 9.758, que vedou o uso das seguintes formas de tratamento, conforme seu art. 3º: "I – Vossa Excelência ou Excelentíssimo; II – Vossa Senhoria; III – Vossa Magnificência; IV – doutor; V – ilustre ou ilustríssimo; VI – digno ou digníssimo; e VII – respeitável" (Brasil, 2019a).

O referido decreto também estabeleceu, em seu art. 2º: "O único pronome de tratamento utilizado na comunicação com agentes públicos federais é 'senhor', independentemente do nível hierárquico, da natureza do cargo ou da função ou da ocasião" (Brasil, 2019a). Esse pronome pode ser flexionado para o feminino e o plural, ou seja, é admitido o uso de *senhora* ou *senhoras* de acordo com a situação.

O mais surpreendente e inusitado do Decreto n. 9.758/2019 é o estabelecimento da reciprocidade do tratamento, ou seja, caso alguma autoridade exija ser tratada por um pronome de tratamento específico, ela deverá tratar seu interlocutor da mesma forma, como determinado no art. 3º, parágrafo 1º: "O agente público federal que exigir o uso dos pronomes de tratamento de que trata o *caput*, mediante invocação de normas especiais referentes ao cargo ou carreira, deverá tratar o interlocutor do mesmo modo" (Brasil, 2019a).

Isso é surpreendente, você não acha? E, de certa forma, é também algo inédito na legislação brasileira.

Apesar do Decreto n. 9.758/2019, o *Manual de redação da Presidência da República* não sofreu nova alteração. A necessidade dessa alteração nos parece óbvia, uma vez que ainda constam no referido documento pronomes de tratamento que foram abolidos pelo decreto. A situação é a seguinte: o manual, apesar de sua última versão ser de 2018, já está desatualizado em razão do Decreto n. 9.758/2019.

E, agora, como ficam os pronomes de tratamento depois do Decreto n. 9.758/2019? Com certeza, você deve estar se perguntando isso neste momento! Veja a seguir o Quadro 2.2.

Quadro 2.2 – Uso dos pronomes de tratamento no texto oficial (2019)

Autoridade	Endereçamento	Vocativo	Tratamento no corpo do texto
Presidente da República	Senhor Presidente da República	Senhor Presidente da República,	Senhor Presidente
Presidente do Congresso Nacional	Senhor Presidente do Congresso Nacional	Senhor Presidente do Congresso Nacional,	Senhor Presidente
Presidente do Supremo Tribunal Federal	Senhor Presidente do Supremo Tribunal Federal	Senhor Presidente do Supremo Tribunal Federal,	Senhor Presidente
Vice-Presidente da República	Senhor Vice-Presidente da República	Senhor Vice-Presidente da República,	Senhor Vice-Presidente
Ministro de Estado	Senhor Ministro de Estado	Senhor Ministro,	Senhor
Secretário-Executivo de Ministério e demais ocupantes de cargos de natureza especial	Senhor Secretário-Executivo de Ministério e demais ocupantes de cargos de natureza especial	Senhor Secretário-Executivo,	Senhor
Embaixador	Senhor Embaixador	Senhor Embaixador,	Senhor
Oficial-General das Forças Armadas	Senhor Oficial-General das Forças Armadas	Senhor + Posto,	Senhor

(continua)

(Quadro 2.2 - conclusão)

Autoridade	Endereçamento	Vocativo	Tratamento no corpo do texto
Outros postos militares	Senhor	Senhor + Posto,	Senhor
Senador da República	Senhor Senador da República	Senhor Senador,	Senhor
Deputado Federal	Senhor Deputado	Senhor Deputado,	Senhor
Ministro do Tribunal de Contas da União	Senhor Ministro do Tribunal de Contas da União	Senhor Ministro,	Senhor
Ministro dos Tribunais Superiores	Senhor Ministro dos Tribunais Superiores	Senhor Ministro,	Senhor

Fonte: Elaborado com base em Brasil, 2018, 2019a.

A fórmula usada para o endereçamento e para o vocativo será constituída pelo pronome *Senhor* ou *Senhora* (admitidos também esses dois termos no plural) seguido do cargo da autoridade. Desse modo, o tratamento, no corpo do texto, fica bastante simplificado, não sendo necessária sua utilização de forma abreviada.

Considerando todas essas mudanças para a economia e a simplificação no uso dos pronomes de tratamento para as autoridades civis brasileiras, propomos, aqui, que o mesmo ocorra com os pronomes de tratamento para as autoridades religiosas, aplicando-se a mesma fórmula usada anteriormente: Senhor + Posto. Assim, sugerimos o que está indicado no Quadro 2.3.

Quadro 2.3 – Uso dos pronomes de tratamento para autoridades religiosas brasileiras

Autoridade	Endereçamento	Vocativo	Corpo do texto
Papa	Senhor Papa	Senhor Papa,	Senhor Papa
Cardeal	Senhor Cardeal	Senhor Cardeal,	Senhor Cardeal
Arcebispo	Senhor Arcebispo	Senhor Arcebispo,	Senhor Arcebispo
Bispo	Senhor Bispo	Senhor Bispo,	Senhor Bispo
Monsenhores, cônegos e superiores religiosos	Senhor + Posto	Senhor + Posto,	Senhor + Posto
Sacerdotes, clérigos e demais religiosos	Senhor + Posto	Senhor + Posto,	Senhor + Posto

Claro que se trata apenas de sugestão, visto que, como já explicado, os pronomes de tratamentos que eram utilizados para as autoridades religiosas foram excluídos do *Manual de redação da Presidência da República* na edição de 2018.

2.3 Padrão ofício

Outra mudança significativa na última edição do *Manual de redação da Presidência da República* foi a redução dos tipos de expedientes, que antes eram três: aviso, ofício e memorando, cada um para diferentes finalidades de uso, com modelos também distintos. Agora, com o objetivo de simplificar a comunicação, existe apenas um único expediente para ser empregado nas circunstâncias estabelecidas em lei, denominado *padrão ofício*, cujo modelo será apresentado na sequência.

O cabeçalho costuma ser utilizado apenas na primeira folha, centralizado, 5 cm a partir da margem superior do papel. Há um espaço específico para a inclusão do Brasão de Armas da República e logo abaixo devem constar o nome do órgão principal e os nomes dos órgãos secundários (se houver, e sempre da maior para a menor hierarquia) (Brasil, 2018).

A inclusão de números nas páginas só é necessária a partir da página 2, em fonte Calibri ou Carlito, acima da área de 2 cm da margem inferior do papel, também chamada de *área de rodapé* (Brasil, 2018).

Para a formatação do documento, o manual recomenda as seguintes orientações: papel A4, com 21 cm x 29,7 cm; margem lateral esquerda de 3 cm; margem lateral direita de 1,5 cm; margens superior e inferior de 2 cm (Brasil, 2018).

Para o documento padrão ofício, só há duas opções de fecho: *Atenciosamente* ou *Respeitosamente*. A forma *Atenciosamente* deve ser usada quando quem emite o documento se dirige a autoridade(s) de mesmo nível hierárquico ou inferior, e a forma *Respeitosamente*, quando quem emite o documento se dirige a autoridade(s) de nível hierárquico superior (Brasil, 2018).

No texto do documento, segue-se o modelo já consagrado de disposição: introdução, desenvolvimento e conclusão. Isso permite que o texto tenha um fio condutor, levando o leitor à compreensão do encadeamento das ideias e/ou argumentos, principalmente se o documento apresentar todos os elementos característicos da redação oficial citados anteriormente.

Figura 2.1 – Elementos do ofício

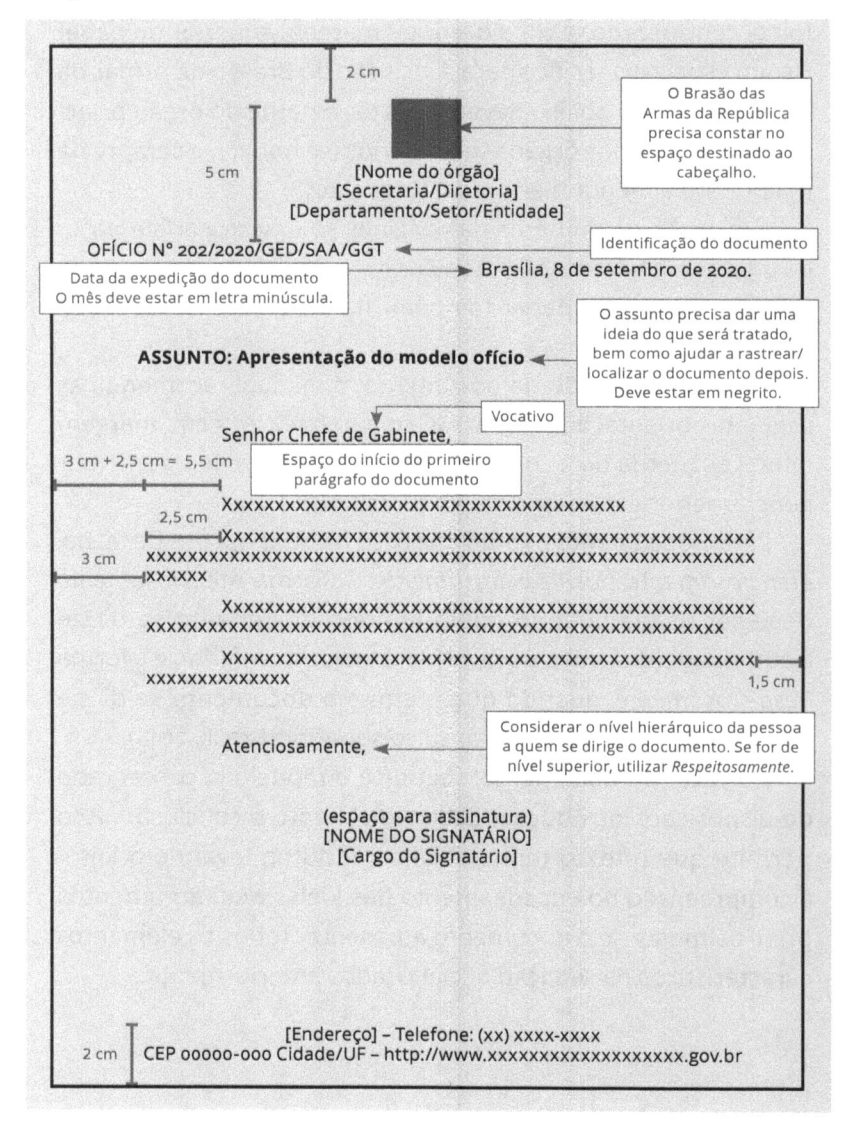

[Nome do órgão]
[Secretaria/Diretoria]
[Departamento/Setor/Entidade]

2 cm

5 cm

O Brasão das Armas da República precisa constar no espaço destinado ao cabeçalho.

OFÍCIO N° 202/2020/GED/SAA/GGT

Identificação do documento

Brasília, 8 de setembro de 2020.

Data da expedição do documento
O mês deve estar em letra minúscula.

ASSUNTO: Apresentação do modelo ofício

O assunto precisa dar uma ideia do que será tratado, bem como ajudar a rastrear/localizar o documento depois. Deve estar em negrito.

Senhor Chefe de Gabinete,

Vocativo

3 cm + 2,5 cm = 5,5 cm

Espaço do início do primeiro parágrafo do documento

2,5 cm

Xxxxxxxxxxxxxxxxxxxxxxxxxxxxxxxxxxxxxxxx

3 cm

Xxxxxxxxxxxxxxxxxxxxxxxxxxxxxxxxxxxxxxxxxxxxxxxxxxx
xxxxxxxxxxxxxxxxxxxxxxxxxxxxxxxxxxxxxxxxxxxxxxxxxx
xxxxxx

Xxxxxxxxxxxxxxxxxxxxxxxxxxxxxxxxxxxxxxxxxxxxxxxxx
xxxxxxxxxxxxxxxxxxxxxxxxxxxxxxxxxxxxxxxxxxxxx

Xxxxxxxxxxxxxxxxxxxxxxxxxxxxxxxxxxxxxxxxxxxxxxxxxxxxxxx
xxxxxxxxxxxxxxx

1,5 cm

Atenciosamente,

Considerar o nível hierárquico da pessoa a quem se dirige o documento. Se for de nível superior, utilizar *Respeitosamente*.

(espaço para assinatura)
[NOME DO SIGNATÁRIO]
[Cargo do Signatário]

2 cm

[Endereço] – Telefone: (xx) xxxx-xxxx
CEP 00000-000 Cidade/UF – http://www.xxxxxxxxxxxxxxxxxx.gov.br

Fonte: Elaborado com base em Brasil, 2018.

Você deve estar se perguntando em qual circunstância devemos elaborar o documento ofício conforme o padrão apresentado.

O padrão ofício é utilizado para a comunicação em três circunstâncias: 1) entre os órgãos públicos; 2) entre os órgãos públicos e a sociedade civil; 3) entre a sociedade civil (empresas privadas e cidadão comum) e os órgãos públicos.

Assim, em todas as ocasiões em que uma empresa privada necessitar se comunicar com qualquer órgão público, deverá fazê-lo por meio de ofício. Está explicado, assim, por que os órgãos públicos pedem, para qualquer pedido, sugestão e/ou crítica, que a mensagem seja encaminhada por meio de ofício.

O ofício é a ferramenta utilizada pelo cidadão para solicitar pavimentação na rua de sua casa, por exemplo, ou qualquer outra melhoria que deseje. Para a formalização e o registro de qualquer demanda, é o ofício que se deve usar. Por isso, é tão importante que você, como profissional em sua empresa e como cidadão, saiba redigir adequadamente esse documento.

Um ofício mal redigido dificulta o andamento de processos nos órgãos públicos. Se você, por exemplo, se esquecer de incluir o assunto, o ofício sequer será aceito, porque esse item é fundamental para o protocolo do documento. Você sabia disso?

Agora, a pergunta é: Como você pode elaborar um ofício de sua empresa para um órgão público em qualquer instância? Vamos considerar, primeiramente, que é a sua empresa quem vai emitir o documento.

Basicamente, você precisará seguir as mesmas diretrizes. Vamos ver como fica o modelo proposto para o ofício de sua empresa?

Figura 2.2 – Modelo ofício

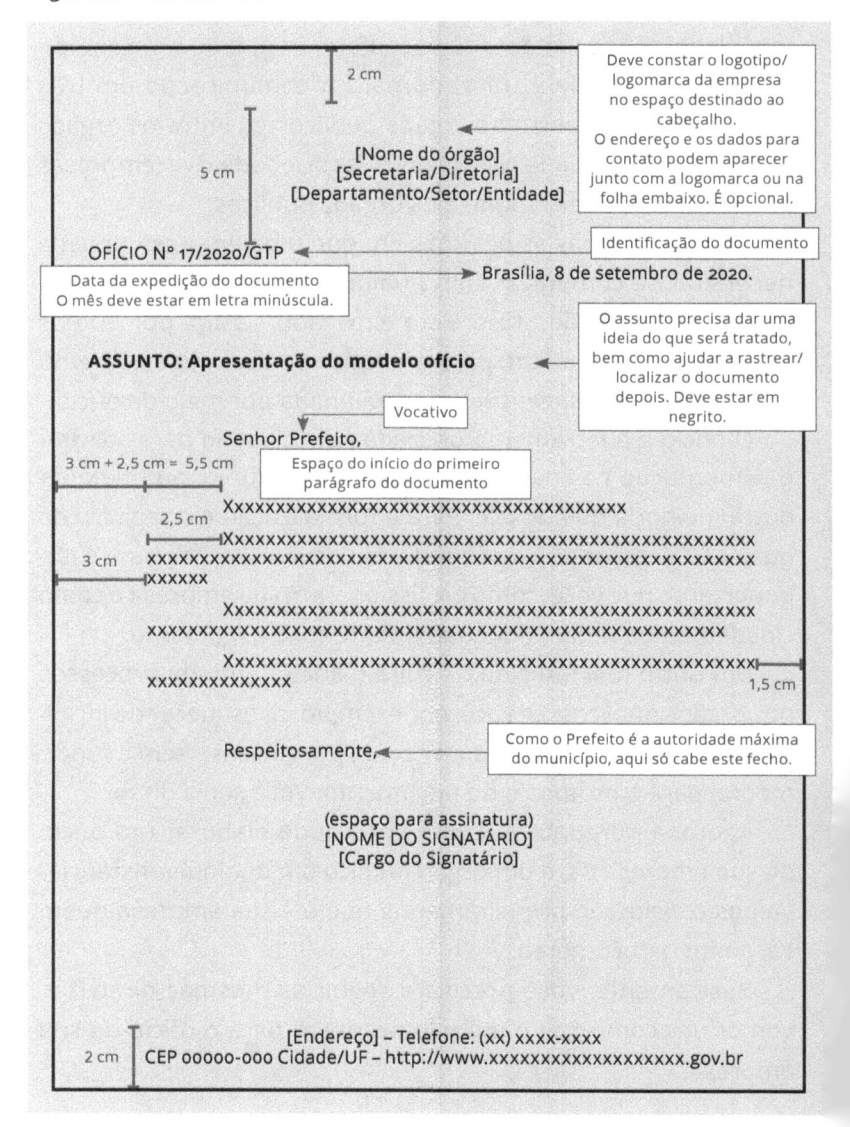

```
                            ↨ 2 cm
                                                        Deve constar o logotipo/
                                                        logomarca da empresa
                                                        no espaço destinado ao
                    [Nome do órgão]                     cabeçalho.
    5 cm            [Secretaria/Diretoria]              O endereço e os dados para
                    [Departamento/Setor/Entidade]       contato podem aparecer
                                                        junto com a logomarca ou na
                                                        folha embaixo. É opcional.

    OFÍCIO N° 17/2020/GTP                          Identificação do documento
    Data da expedição do documento          Brasília, 8 de setembro de 2020.
    O mês deve estar em letra minúscula.
                                                        O assunto precisa dar uma
                                                        ideia do que será tratado,
    ASSUNTO: Apresentação do modelo ofício              bem como ajudar a rastrear/
                                                        localizar o documento
                            Vocativo                    depois. Deve estar em
                    Senhor Prefeito,                    negrito.

    3 cm + 2,5 cm = 5,5 cm    Espaço do início do primeiro
                              parágrafo do documento
              2,5 cm    Xxxxxxxxxxxxxxxxxxxxxxxxxxxxxxxxxxxx
                       Xxxxxxxxxxxxxxxxxxxxxxxxxxxxxxxxxxxxxxxxxxxxxx
      3 cm             xxxxxxxxxxxxxxxxxxxxxxxxxxxxxxxxxxxxxxxxxxxxxx
                       xxxxxx

                       Xxxxxxxxxxxxxxxxxxxxxxxxxxxxxxxxxxxxxxxxxxx
              xxxxxxxxxxxxxxxxxxxxxxxxxxxxxxxxxxxxxxxxxxxxxxxxxx

                       Xxxxxxxxxxxxxxxxxxxxxxxxxxxxxxxxxxxxxxxxxxxx
              xxxxxxxxxxxxxx                                    1,5 cm

                                                Como o Prefeito é a autoridade máxima
                    Respeitosamente,            do município, aqui só cabe este fecho.

                    (espaço para assinatura)
                    [NOME DO SIGNATÁRIO]
                    [Cargo do Signatário]

              [Endereço] – Telefone: (xx) xxxx-xxxx
    2 cm      CEP 00000-000 Cidade/UF – http://www.xxxxxxxxxxxxxxxxxx.gov.br
```

Fonte: Elaborado com base em Brasil, 2018

Se precisar elaborar um ofício para a prefeitura de sua cidade, como cidadão ou cidadã, solicitando um esclarecimento ou pedindo a melhoria de um serviço público, no espaço destinado à logomarca no cabeçalho, coloque seus dados como munícipe da cidade (nome completo, endereço, telefone para contato, *e-mail* etc.). Por meio deles, a prefeitura poderá contatá-lo(a). Muito provavelmente, o ofício precisará ser protocolado na prefeitura e você deverá aguardar a resposta do órgão/secretaria para o(a) qual enviou o documento.

Com base no *Manual de redação da Presidência da República*, os estados, o Distrito Federal e os municípios elaboram os próprios manuais. Você sabia disso? Sugerimos que você elabore um manual de redação para sua empresa. O que acha?

Você pode dividi-lo em duas partes: na primeira, apresente a redação empresarial, com modelos dos diversos tipos de documentos; na segunda, apresente a redação oficial, com vários modelos de ofício.

Assim, quando for necessário elaborar uma carta comercial e/ou um ofício, qualquer funcionário já terá à mão um manual de redação para auxiliar nessa tarefa, evitando-se todas as dificuldades características nesse tipo de situação.

3 Documentos empresariais

A comunicação empresarial é diferente da redação oficial, da qual tratamos no capítulo anterior. Embora haja algumas semelhanças no que diz respeito ao estilo e à linguagem, que é mais objetiva e formal, uma diferença importante é que o público da comunicação empresarial é bem mais amplo.

Os documentos empresariais têm intenção e destinatário diferentes, uma vez que as empresas se comunicam com vários públicos. Esses diversos destinatários podem ser divididos em dois grupos: o público externo, composto de clientes, fornecedores e a sociedade de um modo geral, e o público interno, composto de funcionários, acionistas e colaboradores.

Obviamente, a interlocução com cada um desses públicos ocorrerá por meio de tipos de textos diferentes, mas sempre com vistas à comunicação efetiva.

Independentemente do tipo de texto ou do destinatário, os textos bem-escritos se caracterizam pelas qualidades que destacamos no capítulo anterior: clareza, precisão, concisão, objetividade, coesão, coerência e uso de vocabulário simples, sem rebuscamento ou jargões desnecessários.

A comunicação da empresa também pode ser feita por meio da padronização de seus documentos administrativos. Por exemplo, é possível criar e adotar um manual de correspondência próprio. Assim, todos os documentos administrativos, além de informarem a intenção primeira da empresa, imprimirão sua imagem e sua cultura.

Além de criar valor intangível e agregar grande diferencial à organização, essa atitude ajudará o cliente a identificar rapidamente, por meio do padrão existente na correspondência empresarial, qual é o tipo de documento que ele está recebendo. Com essa identificação mais rápida, o destinatário se aproxim do que lhe é solicitado e pode responder/reagir mais rapidamente ao desejado pela organização.

3.1 Tipos de documentos administrativos

As empresas criam, diariamente, um sem-número de documentos. Felizmente, com as novas tecnologias, nem todos precisam mais ser armazenados de forma física. A despeito disso, há ainda documentos que têm de ser criados em sua versão física (a versão original é cuidadosamente armazenada) e arquivados para consulta em sua forma digital. Apresentaremos em detalhes esses assuntos nos capítulos seguintes deste livro, mas é importante destacar que o modelo desses documentos pode ser encontrado em *software* de editores de texto, como o Word da Microsoft, entre outros disponíveis.

Faremos a apresentação dos documentos administrativos seguindo o critério alfabético e não o de importância. Por esse motivo, iniciaremos pela ata.

3.1.1 Ata

O objetivo da ata é relatar e registrar uma reunião entre duas ou mais pessoas para discutirem sobre os assuntos estabelecidos na pauta.

Luizari (2010, p. 88) descreve a ata como "documento que registra, de forma clara e concisa, os acontecimentos de uma reunião". Pelo seu valor legal, em função do objetivo da reunião, ela precisará ser registrada posteriormente em cartório.

A pauta de uma reunião é estabelecida, comumente, pela pessoa que organiza o evento, com a colaboração de seus participantes. Uma vez definida a pauta, o organizador da reunião apresenta todos os itens estabelecidos aos seus participantes, com o intuito de se deliberar sobre os assuntos propostos. O líder do grupo, posição responsável por conduzir a reunião e as discussões, tem o objetivo de mediar o debate, de modo que o grupo chegue a um consenso sobre os tópicos tratados.

Nesse processo de discussão, o grupo pode chegar a um impasse. Uma parte do grupo entende que a melhor solução é seguir por um caminho, e a outra, que o mais adequado é não fazer nada, por exemplo. Nessas circunstâncias, o líder vai promover uma votação com o intuito de identificar o que pensa a maioria dos participantes; a posição assumida por 50% mais um vencerá, e a dos demais participantes, 49%, corresponderá aos votos vencidos. A decisão a ser tomada será a escolhida pelo grupo em maior número.

No meio empresarial, essas decisões têm implicações diversas, especialmente legais. Por isso, é fundamental o registro das reuniões empresariais em atas, documento aceito legalmente. Na verdade, toda reunião deve ser registrada em ata não apenas por questões legais, mas também para que, no futuro, as decisões possam ser lembradas. Em reuniões de condomínio e de pequenas associações, por exemplo, as atas também são criadas.

O modelo adotado para a ata de uma empresa leva em consideração o tipo de reunião e a necessidade ou não de sua apresentação para os órgãos de controle (Junta Comercial do Estado ou Cartórios de Registro de Pessoas Jurídicas, por exemplo).

Para reuniões mais formais, em que a complexidade do assunto é maior, a ata deve seguir o modelo mais conservador. Aqui incluímos as cooperativas e entidades sem fins lucrativos (fundação, organização não governamental etc.) que, por sua natureza jurídica, precisam constantemente prestar contas para a sociedade e para órgãos do governo federal.

Existe até mesmo a exigência de uma quantidade mínima de reuniões que precisam ser realizadas anualmente e em situações específicas, como a eleição da diretoria. Toda e qualquer reunião tem de ser devidamente registrada em ata. Não há espaço para inovações.

Para as demais sociedades, a recomendação é a mesma. Se a reunião realizada for necessária para prestar contas para os órgãos governamentais, recomenda-se a adoção do modelo mais conservador, mostrado a seguir.

Ata mais formal

Na ata mais formal, as linhas devem estar numeradas, a fim de evitar que algo seja suprimido ou adicionado ao documento. O objetivo é manter o controle absoluto de todo o conteúdo da ata, expressando rigorosamente o relato dos fatos ocorridos em reunião. Essa medida é, infelizmente, reflexo das fraudes sucedidas no passado.

As empresas costumavam manter suas atas redigidas à mão em livro de atas. A pessoa responsável precisava fazer esse trabalho com muita atenção para evitar erros de ortografia, tarefa nada fácil considerando-se que, no documento, não poderia haver rasura de nenhum tipo e as folhas do livro de atas, todas numeradas, não poderiam ser canceladas.

Com o advento do computador, tudo isso ficou no passado. As atas são redigidas, conferidas e até mesmo, se assim se desejar, assinadas em meio digital; posteriormente, se for o caso, todas as atas são reunidas e encadernadas, separadas por semestre, ano ou qualquer outra periodicidade desejada.

Exemplo de ata (1): ata conservadora

CURSO TÉCNICO SUBSEQUENTE EM EVENTOS
ATA DE REUNIÃO

1. No dia primeiro de outubro de 2020, às 14h, reuniram-se em reunião
2. de colegiado, via videoconferência (<meet.google.com/dso-rmth-vxd>),
3. os seguintes professores: Célia Cassia de Jesus, Diana Gurgel Pegorini,
4. Josefina de Castro, Lúcia Queiroz e Maura Bittencourt. Os professores
5. José Alberto e Pedro Lopes enviaram justificativa para a coordenação
6. por não poderem participar da reunião de colegiado do curso. A pauta
7. da reunião constou: 1) **Continuação da oferta das APNPs em outubro;**
8. **2) Proposta de programação para a finalização das APNP's com pro-**
9. **posta de trabalho pedagógico com os alunos que estão com as ati-**
10. **vidades atrasadas das disciplinas; 3) Planejamento do RDE do curso.**
11. **4) Assuntos esquecidos.** Ao iniciar a reunião, a coordenação agradeceu
12. e acolheu a todos e todas presentes. Para a primeira pauta, com relação
13. à continuidade da oferta das APNPs, o colegiado debateu a possibilidade
14. de já iniciar a oferta do segundo semestre no mês de outubro. Sobre
15. esse assunto, a orientação da direção de ensino tem sido para que no
16. mês de outubro a carga horária dos componentes disciplinares sejam
17. concluídas. Tem sugerido também que nesse período seja utilizado para
18. tentar resgatar os alunos que não participaram das aulas remotas e para
19. os que participaram, para que as atividades atrasadas sejam ainda acei-
20. tas e validadas pelos professores. Nesse sentido, o colegiado do curso se
21. comprometeu em realizar ações para resgatar os alunos. As ações que
22. serão realizadas são: a) primeira ação: realização de reunião com os pro-
23. fessores e alunos do primeiro e do terceiro período para solicitar, uma
24. vez mais, o envio das atividades atrasadas e realizar recuperação para os
25. alunos que não atingirem o conceito mínimo C. A reunião com o primeiro
26. período acontecerá no dia 08 de outubro, das 20h30 às 21h30, aproxima-
27. damente, e com o terceiro período, no mesmo dia, das 19h30 às 20h30.
28. O objetivo da reunião com os alunos é sensibilizá-los para o envio das
29. atividades em atraso, informá-los dos procedimentos e da programação
30. para o encerramento da oferta das APNP's e orientá-los para a continui-
31. dade do curso por meio do RDE. Para os alunos do terceiro período, que
32. são formandos, será fornecido orientações específicas sobre a conclusão
33. do curso, em especial sobre a obrigatoriedade de a turma ainda cursar
34. o componente disciplinar Espaço e Layout, por meio do RDE; b) segunda
35. ação: a coordenação após a reunião com os alunos no dia 08 de outubro,
36. enviará por e-mail para as turmas com mensagem reforçando a necessi-
37. dade dos alunos de enviarem as atividades em atraso e convidará os alunos
38. que não participaram das aulas remotas para retornarem nesse período,

para ainda realizarem as atividades propostas (assistir as aulas gravadas, elaborar as atividades etc.) mesmo que em data posterior, uma vez que ainda é possível o(a) aluno(a) lograr êxito nas disciplinas ofertadas caso as atividades sejam realizadas e enviadas para os professores; c) terceira ação: a coordenação telefonará para cada aluno que não participou das aulas remotas e/ou está com atividades em atraso para buscar receber todas as atividades em atraso para possibilitar aos professores o encerramento da disciplina no sistema; d) quarta ação: a partir da resposta das ações anteriores, cada professor(a) fará o planejamento de recuperação do(a)s aluno(a)s considerando o estágio de participação do(a)s aluno(a)s nas aulas remotas e/ou envio das atividades propostas. O colegiado do curso assume, dessa forma, o compromisso de não deixar nenhum aluno sem atendimento. O que for possível, os professores farão para atender os alunos, mas sabemos que há situações que extrapolam o desejo do grupo em ajudar. Então, para o segundo item da pauta, a programação para a finalização das APNP's para o mês de outubro ficou a seguinte: continuidade da disciplina de Laboratório de Eventos III para o terceiro período e da disciplina de Segurança e Operacionalização de Eventos para o primeiro período. A disciplina de Espaço e Layout, em função da sua baixa adesão, sua oferta está cancelada. Ela será ofertada novamente a partir de 16 de novembro, por meio do RDE, para as duas turmas (atuais primeiro e terceiro períodos). Com relação ao terceiro item da pauta, o planejamento para a oferta do RDE, em planejamento inicial, foi identificado os professores que assumirão os novos componentes curriculares que serão ofertados a partir de 16 de novembro. Serão eles/elas: Marketing de Eventos, Profa. Célia Cassia de Jesus; Comunicação e Expressão em Língua Portuguesa, Profa. Diana Gurgel Pegorini; Gestão financeira e captação de recursos em eventos, Profa. Célia Cassia de Jesus; Alimentos e Bebidas, Profa. Maura Bittencourt; Laboratório de Eventos II, Prof. José Albert que ainda precisará ser consultado para aceite ou não; e Comunicação e Expressão em Língua Inglesa, a ser definido pelo Núcleo de Idiomas da instituição. A coordenação já enviou e-mail fazendo a consulta e está aguardando resposta. É importante registrar que a profa. Lúcia Queiroz se ofereceu para ministrar o componente curricular Laboratório de Eventos II caso o prof. José Alberto esteja impossibilitado de fazê-lo no próximo semestre. Para o quarto item da pauta, as professoras Maura Bittencourt e Josefina de Castro informaram que os contratos delas foram renovados por apenas seis e três meses, respectivamente. Eles têm data prevista de encerramento para 18 de dezembro de 2020 quando precisarão ser renovados por mais um período a ser definido pela PROGEPE. Assim, a coordenação ficou encarregada de a partir de primeiro de novembro de 2020 solicitar ao GT Pessoas a renovação dos contratos das professoras. Nada havendo

39. mais para ser tratado, a reunião foi encerrada com o agradecimento pela
40. participação de todos os presentes. Segue a ata redigida e assinada por
41. mim, Diana Gurgel Pegorini, e por todos os presentes.

Ata semiformal

Na ata menos formal, o modelo, basicamente, é o mesmo. Apenas se costuma eliminar a numeração das linhas. Como as atas são redigidas e enviadas para conferência e aprovação de seus participantes para posterior assinatura, muitos acreditam não ser mais necessária a numeração das linhas.

Algumas empresas, para facilitar a coleta de assinaturas, têm adotado o procedimento de elaborar a ata da reunião durante o momento em que ela transcorre. Finalizada a reunião, a ata é impressa e assinada pelos presentes. Naturalmente que quem redige precisa ter bom domínio da língua portuguesa, visto que todos podem acompanhar no telão o que está sendo transcrito durante a reunião. Se há alguma dúvida quanto ao conteúdo da transcrição, rapidamente isso é corrigido.

Quem redige a ata, para agilizar a tarefa, já inicia o trabalho com dois aspectos previamente considerados: o modelo-padrão adotado pela empresa e a ata já parcialmente elaborada, especialmente com a inclusão dos itens da pauta.

Essa pessoa deve ter grande habilidade e experiência na redação de ata em sua empresa, sabendo, previamente, como a reunião será conduzida. Além disso, conhecer os itens da pauta também auxilia bastante na tarefa.

Quero partilhar com você, leitor, minha experiência profissional nesse sentido. Na verdade, a ata é um documento cuja redação, se possível, será evitada pela quase totalidade das pessoas. Ninguém gosta de redigir ata. Em resumo, redige ata apenas quem realmente precisa.

Como professora, coordeno um grupo de professores e, seguidamente, fazemos reuniões que têm de ser registradas. Em todas as reuniões realizadas de forma presencial, sempre consegui fazer a ata durante o evento e coletar as assinaturas ao término dele.

No período da pandemia de 2020, as reuniões em meu trabalho (e de milhares de empresas) precisaram acontecer de forma remota. Passei, então, a redigir as atas posteriormente, uma vez que tinha de seguir um procedimento diferente para coletar as assinaturas de forma digital. De todo modo, para diferentes procedimentos, é fundamental chegarmos a uma reunião com a ata da reunião, em sua essência, já iniciada. Essa é uma dica importante.

Outra recomendação bastante útil é destacar (numerar e colocar em negrito) na ata os itens da pauta da reunião para que, no futuro, essa medida possa poupar trabalho e estresse para localizar a ata da reunião em que foi tratado um assunto específico.

Como é muito comum haver esse tipo de pedido, localizar atas de reuniões com pautas específicas pode consumir muito tempo e energia. Com essa medida, apenas se precisará passar rapidamente os olhos pelos itens da pauta (do período requisitado), sabiamente destacados em negrito, em vez de ler todas as atas.

Exemplo de ata (2): ata semiformal

CURSO TÉCNICO SUBSEQUENTE EM EVENTOS
ATA DE REUNIÃO
Aos dias 22 de julho de 2020, às 14h, reuniram-se em reunião de colegiado, via videoconferência (<meet.google.com/hva-zasc-dvx>), os seguintes professores: Célia Cassia de Jesus, Diana Gurgel Pegorini, Josefina de Castro, Maura Bittencourt, José Alberto e Pedro Lopes. A pauta da reunião constou: **1) Avaliação das APNPs; 2) elaborar a atividade proposta pela PROENS que é responder ao seguinte questionamento: a partir das condições que a nossa realidade nos impõe, como podemos pensar, para além das

APNP, a continuidade do processo ensino-aprendizagem na instituição XYZ em relação ao ano letivo 2020? Ao iniciar a reunião, a coordenação agradeceu e acolheu a todos e todas presentes. Para a primeira pauta, com relação à avaliação, o colegiado apontou as seguintes questões: preocupação com o possível abandono de quatro estudantes do primeiro período em função dos mesmos não terem participado das aulas; a aluna Pietra, do terceiro período, manifestou intenção em trancar o curso; dificuldade dos estudantes em interpretar o enunciado das atividades propostas e a apresentação de respostas para os exercícios muito sucintas sem o devido aprofundamento do conteúdo; contrariando a dificuldade dos estudantes na realização das atividades e/ou exercícios, eles não solicitam ajuda/orientação apesar da insistência dos professores para que eles façam isso; na oferta assíncrona os estudantes elogiaram muito o material disponibilizado pelos professores e na oferta síncrona gostaram da possibilidade de assistir as aulas gravadas posteriormente, uma vez que elas foram todas disponibilizadas; fez falta para os estudantes neste período de estudo não presencial e mais autônomo, a formação e a prática para a construção do seu conhecimento, saber identificar como e de que forma ele/ela aprende; na transposição das aulas presenciais para as aulas não presenciais, foi possível trabalhar com mais ênfase à parte teórica e a parte prática ficou em segundo plano e, isso trouxe prejuízo visível no processo de ensino aprendizagem, dificultando para os estudantes a aquisição de conteúdos fundamentais para o bom desempenho profissional; o ensino não presencial oferecido por meio das APNPs não se mostrou eficiente em função do perfil dos estudantes acreditam os professores, uma vez que, os nossos estudantes têm lacunas de aprendizagem que remetem a educação básica, não são hábeis leitores (demonstram dificuldades em leitura e interpretação de textos simples) e, consequentemente, não são aprendizes autônomos; a sensação que ficou da experiência foi que professores e estudantes fizeram grande esforço com pífios resultados. A despeito do exposto, os professores entendem que não podem ficar na inércia diante da pandemia. A continuidade da oferta das APNP's foi aprovada por todos, ainda que, o grupo reconheça que não é a melhor solução, mas é a possível no contexto atual. Na medida do possível, o grupo se comprometeu em retomar as atividades práticas no retorno das aulas presenciais para eliminar as lacunas na aprendizagem dos estudantes. Para a segunda pauta o colegiado propôs o seguinte: fomentar a presencialidade nas ofertas de atividades pedagógicas não presenciais por meio de momentos síncronos específicos para o atendimento e acompanhamento dos estudantes no processo de ensino – aprendizagem, tendo em vista que não há um costume ativo dos estudantes de buscarem sanar suas dúvidas e que – por não se tratar de EAD, não existe o suporte a mediação por meio de tutores; criação de uma rede de colaboração mais efetiva entre os estudantes e estudantes e professores com a finalidade de estreitar laços – sugere-se ações de fomento a monitoria online, por exemplo; oferta de formações livres e cursos de extensão voltados para temáticas mais amplas (sociais) e necessidades específicas dos estudantes no atual contexto, realizando a relação do ensino com a realidade concreta; oferecer curso de formação para os estudantes para o ensino *e-learning*; fazer um levantamento das percepções com os professores acerca da oferta das APNP's para que eles possam relatar as dificuldades que enfrentaram durante o processo bem como o seu nível de satisfação; promover um encontro semanal para os estudantes terem contato com os idiomas que são ofertados na instituição XYZ (Língua Inglesa e Língua Espanhola) promovendo assim a aprendizagem desses idiomas; institucionalização das APNP's na instituição trazendo como consequência a disponibilização de toda a infraestrutura possível para que o ensino remoto seja ofertado. As aulas passariam a ser gravadas em estúdio e disponibilizadas no AVA da instituição XYZ; garantir para os estudantes a oferta de toda a infraestrutura para o acompanhamento das aulas não presenciais, por meio da sua inclusão em programas federais, por exemplo, doação e/ou empréstimo de computadores/notebooks/tablets com acesso à internet. Nada havendo mais para ser tratado, a reunião foi encerrada com o agradecimento pela participação de todos os presentes. Segue a ata redigida e assinada por mim, Diana Gurgel Pegorini, e por todos os presentes.

Outra informação importante refere-se à frase que inicia a ata: "Aos dias 22 de julho de 2020, às 14h". É preciso atentar para o fato de que, na língua portuguesa, os meses do ano são grafados com as iniciais em letra minúscula. Isso, normalmente, gera confusão, uma vez que, em inglês, devem ser grafados, obrigatoriamente, com as iniciais em letra maiúscula. Assim, o correto é *julho*, e não *Julho*, exceto, claro, em início de frase.

Cabe destacar outro aspecto relevante: na língua portuguesa, não existe o registro *6:00*, por exemplo. O correto é *6h*, para o período da manhã, e *18h*, para a noite. O registro *6h da noite* está incorreto. Escuto, com frequência, esse tipo de equívoco. Certa vez, uma pessoa amiga foi buscar seu pai no aeroporto às

10h (por certo, pela manhã), mas o pai depois disse que havia se enganado, pois chegaria às 10h da noite, logo, às 22h. Ele teria poupado o tempo de sua filha ao ir buscá-lo com 12 horas de antecedência no aeroporto.

E como escrever o horário da reunião ou de qualquer outro evento quando a hora não for cheia? *12h30*, 12h30min ou *12h30m*? Apenas as duas primeiras formas estão corretas e são aceitas. A terceira está errada porque *m* é abreviatura para metro, não para minuto. Os registros *12:30*, *12:30hs* e *12:30H* estão errados, porque devem ser usados os símbolos determinados pelo Sistema Internacional de Unidades (SI), sempre grafados em letra minúscula e no singular.

Ata informal

A ata informal só pode ser utilizada para reuniões mais informais em que não haja a obrigação de cumprir as exigências de nenhum órgão de controle federal, estadual ou municipal.

Pode ser usada para reuniões departamentais, por exemplo, quando há a necessidade apenas de registrar a reunião para consulta posterior de seus participantes, de forma interna. Nesse documento, o departamento, setor ou grupo registra seus "combinados", planejamentos e formas de trabalho em equipe, ajustam a agenda dos participantes para a realização de tarefas conjuntas, estabelecem responsabilidades individuais de cada membro da equipe em projetos etc. Enfim, a utilidade e o uso da ata informal ficam restritos aos participantes da reunião.

Exemplo de ata (3): ata informal

ATA DE REUNIÃO DEPARTAMENTAL	
GRUPO DE TRABALHO: FESTA DE FINAL DE ANO	
Data da reunião: 13/10/2020	**Local:** Departamento de Finanças
Horário do início: 14h	**Horário de término:** 14h30
Pauta da reunião: 1) Escolha do local para a realização da confraternização dos colaboradores do departamento.	
Tópicos tratados com as decisões tomadas: 2) Em face da pandemia, o grupo decidiu que o departamento não realizará o tradicional jantar de confraternização neste ano. O departamento promoverá a arrecadação de brinquedos para doação em entidade a ser escolhida pelo grupo.	
Participantes: Os integrantes do Grupo de Trabalho (GT) responsável por organizar a festa de final de ano do departamento no ano de 2020. Os participantes estão elencados abaixo, seguido de suas respectivas assinaturas. Pietra Carvalho Joaquim Souza Evaristo Pereira Marcela Alencar	
Registro feito por: Marcela Alencar **Data da expedição:** 13/10/2020	

Trata-se apenas de um modelo de ata informal. Dessa forma, você pode, e deve, com base nele, criar outro para suas necessidades na organização e, até mesmo, melhorar o exemplo apresentado.

3.1.2 Aviso

O aviso é um documento cujo objetivo é comunicar, informar, avisar sobre algo. Amplamente utilizado no comércio, nas empresas, nos condomínios etc., é muito comum nos depararmos com um aviso ao utilizarmos o elevador de um prédio comercial ou residencial. Nele é possível encontrar, por exemplo, a informação de que faltará água no prédio em virtude de manutenção e/ou reparo que a companhia de água realizará no bairro.

Exemplo de aviso informal

AVISO

Prezado cliente:

Em virtude da pandemia, comunicamos que a nossa loja passará a abrir em horário mais restrito para seguir as orientações sanitárias da Prefeitura do Município de Curitiba.
A loja ficará aberta de segunda a sexta-feira, das 10h às 17h.

Curitiba, 6 de abril de 2020.

Atenciosamente,
Loja Presentes & Presentes

3.1.3 Bilhete

Bilhete é todo texto escrito de forma sucinta e apressada. Serve para comunicar e informar algo a alguém. Para Medeiros (2008, p. 231), bilhete "é uma carta breve em que se anota algum fato para ser levado ao conhecimento de outra pessoa, mas de modo apressado".

Exemplo de bilhete

> Maria,
>
> O Pedro te telefonou. Fará contato contigo por WhatsApp.
>
> Beatriz

3.1.4 Carta comercial

A carta comercial é composta dos seguintes itens, como explica Luizari (2010, p. 106): "numeração, local e data, destinatário, assunto ou referência, vocativo, mensagem ou texto, encerramento, assinatura".

O formato do papel usado para a impressão do texto da carta comercial é o A4, cujas dimensões são 210 mm (largura) por 297 mm (altura). A margem esquerda deve ser de 4 cm e a direita, de 3 cm.

Exemplo de carta comercial (1)

Timbre	
Índice e número	DC[1] – 20204 (numeração que assegura o controle do envio, recebimento e arquivamento da correspondência com a inicial do setor que expede a correspondência).
Local e data	Curitiba, 29 de outubro de 2020. (data e local da carta)
Referência ou assunto	Ref.: Solicitação de orçamento (é o assunto que será abordado na carta)
Vocativo ou saudação[2]	Senhores:
Texto	Solicito orçamento para a compra de 200 conjuntos de mesa e cadeira dobrável da marca Florinda, modelo MB 2020, do seu catálogo de vendas ano 2020.
Encerramento ou despedida	Atenciosamente,
Assinatura de quem envia a carta	João Pedro Petz

A carta comercial também pode ter sua apresentação de acordo com a estética escolhida. São elas: estilo endentado, ou semibloco, estilo bloco e estilo bloco compacto, ou cheio, segundo Medeiros (2008).

---

1 DC – Departamento de Compras.
2 Os elementos timbre, índice e número, local e data, referência e vocativo compõem o cabeçalho.

Estilo endentado ou semibloco

No estilo endentado, a data é alinhada à margem direita e é respeitado o espaço no início dos parágrafos. A assinatura também é alinhada à margem direita.

Exemplo de carta comercial (2): estilo endentado ou semibloco

DC – 20204

Curitiba, 20 de outubro de 2020.

Ref.: Solicitação de orçamento (é o assunto que será abordado na carta)

Senhores:

    Solicito orçamento para a compra de 200 conjuntos de mesa e cadeira dobrável da marca Florinda, modelo MB2020, do seu catálogo de vendas ano 2020.

    Atenciosamente,

João Pedro Petz,
Diretor de Compras

Estilo bloco

No estilo bloco, a margem direita não é alinhada. Na margem esquerda, também não há a preocupação com o espaço do parágrafo. As únicas informações que precisam estar perfeitamente alinhadas são o local e a data com a assinatura.

Exemplo de carta comercial (3): estilo bloco

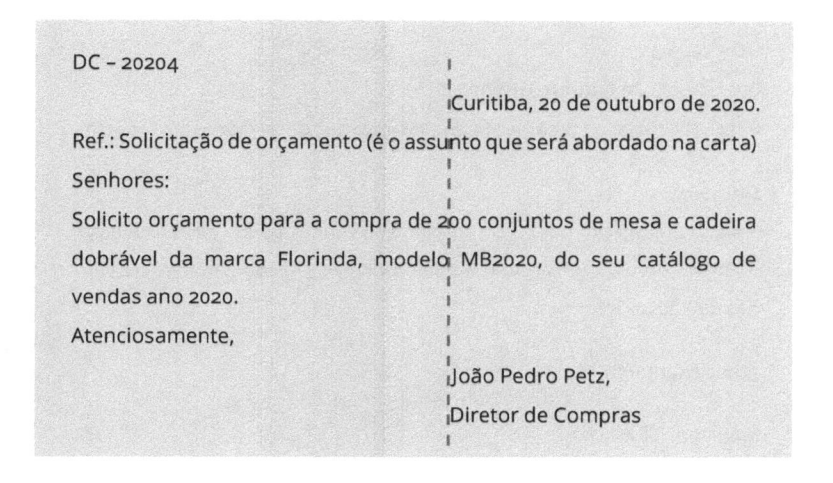

> DC - 20204
>
> Curitiba, 20 de outubro de 2020.
> Ref.: Solicitação de orçamento (é o assunto que será abordado na carta)
> Senhores:
> Solicito orçamento para a compra de 200 conjuntos de mesa e cadeira dobrável da marca Florinda, modelo MB2020, do seu catálogo de vendas ano 2020.
> Atenciosamente,
>
> João Pedro Petz,
> Diretor de Compras

Como vimos no exemplo, local, data e assinatura devem ficar alinhados.

Estilo bloco compacto ou cheio

Em razão da praticidade, o estilo bloco compacto é o mais adotado nas organizações atualmente, uma vez que todo o conteúdo da carta respeita apenas a margem esquerda e entre os parágrafos há um espaço adicional.

**Exemplo de carta comercial (4):
estilo bloco compacto ou cheio**

DC - 20204

Curitiba, 20 de outubro de 2020.

Ref.: Solicitação de orçamento (é o assunto que será abordado na carta)

Senhores:

Solicito orçamento para a compra de 200 conjuntos de mesa e cadeira dobrável da marca Florinda, modelo MB2020, do seu catálogo de vendas ano 2020.

Atenciosamente,

João Pedro Petz,
Diretor de Compras

3.1.5 Circular

A circular é um tipo de documento cuja informação precisa ser divulgada para o conhecimento de todos. Internamente, parte de um departamento ou setor e circula na empresa. Pode também ser uma comunicação "dirigida a várias pessoas ou a um órgão. Serve para transmitir avisos, ordens ou instruções" (Medeiros, 2010, p. 70).

3.1.6 Contrato

O contrato é um documento que formaliza um acordo ou negócio entre duas ou mais partes (pessoas físicas ou jurídicas), determinando direitos e obrigações de cada uma delas. Por meio do contrato, as partes definem os meios para alcançar os fins acordados, especificando cláusulas e artigos da legislação do país em que ele se fundamenta, principalmente no caso de o acordo não ser cumprido por uma das partes.

Existem vários tipos de contrato: contrato de trabalho, de compra e venda, de locação, de prestação de serviços, de sociedade, de casamento, de cessão de direitos, de uso de marca, entre outras dezenas de possibilidades, desde que, obviamente, haja a consensualidade entre as partes.

No ambiente empresarial, podemos afirmar que os contratos mais comuns são o de prestação de serviços e o de trabalho temporário.

Dependendo do tipo de contrato, as partes do documento vão variar em função do que está sendo acordado. Em alguns casos, é preciso o auxílio de um advogado para a elaboração do contrato, em razão das questões legais que podem estar envolvidas. Em outros casos, pode haver um modelo próprio da empresa contratante, como é o caso de um contrato de trabalho temporário.

3.1.7 Convite

Há um sem-número de modelos de convites, tanto para eventos sociais ou pessoais como para eventos empresariais.

O mais importante é que no convite constem as informações essenciais do evento. Por isso, devem ser respondidas as seguintes perguntas:

> O quê ?: O convite é para quê? Qual evento?
>
> Quem: Quem convida? Quem organiza? O evento é de quem?
>
> Quando: Quando o evento acontecerá?
>
> Onde: Onde o evento acontecerá?
>
> Horário: Qual é o horário de início e de término do evento? (adotado em função do custo de locação do local do evento)
>
> Traje: Qual é o traje recomendado para o evento? Especialmente necessário informar se o evento for mais formal.

Dependendo do evento, outras informações adicionais são necessárias. No período da pandemia de covid-19, por exemplo, as *lives*[3] se multiplicaram. Nesses casos, é necessário informar o *link* para a participação do público. Para eventos *on-line* que exigem inscrição prévia, também é preciso informar como o público poderá fazer isso.

Tudo isso parece óbvio, não? O curioso é o fato de vários convites para *lives* apresentarem diversos problemas, como a falta de informação sobre o responsável pela promoção do evento e a ausência do *link* para obter a programação e fazer a inscrição ou do *link* de acesso ao evento.

Portanto, é necessário ter um cuidado especial ao redigir um convite. Lembre-se de que ele deve fornecer as informações mínimas para que convidado/público-alvo, ao querer participar do evento, consiga fazê-lo sem dificuldade. Do contrário, poderá haver muitas desistências, comprometendo o sucesso do evento.

---

3   *Lives* são transmissões ao vivo. Podem ser de *shows*, palestras etc.

3.1.8 Convocação

Convocar uma pessoa para um evento é um convite que o convidado não pode recusar, a menos, é claro, que tenha um bom motivo para sua ausência. Fica implícito que quem convida tem poder hierárquico sobre quem é convidado. É o caso do chefe do departamento/setor ao convocar seus subordinados para uma reunião ou do diretor-geral ao convocar os demais diretores da empresa.

Para elaborar a convocação, é preciso observar as sugestões já dadas para a elaboração de convite. No caso de uma convocação para reunião, além das informações de data, horário (início e término) e local, é fundamental comunicar a pauta da reunião, ou seja, os assuntos que serão tratados. Divulgar a pauta possibilita que os convocados se preparem para a reunião, com relação aos documentos e/ou informações a serem apresentados durante o evento.

3.1.9 Declaração

O emitente do documento declara que o fato descrito é verdadeiro. O declarante está sujeito à lei ao fazer isso, ou seja, poderá ser processado em caso de declaração falsa. Por isso, a declaração deve conter a assinatura do declarante, que, dependendo da situação, deve ser acompanhada de carimbo e/ou ser reconhecida em cartório.

A declaração pode ser utilizada para diversos fins: acadêmico, profissional, compra e venda de imóvel etc.

Exemplo de declaração

DECLARAÇÃO

Declaramos para os fins que se fizerem necessários que o Prof. João Felipe Stuart participou no segundo semestre de 2020, no dia 17 de setembro de 2020, como avaliador da banca de apresentação de Trabalhos de Conclusão de Curso do curso de Especialização em Educação Profissional Técnica de Nível Médio do(a) aluno(a) abaixo citado:

ALUNO(A)	TEMA
Wanderlei Freitas de Almeida	Formação docente inicial do professor para atuar na educação profissional técnica de nível médio.

Curitiba, 24 de setembro de 2020.

**Coordenação do curso de Pós Graduação *Lato Sensu* –
Especialização em Educação Profissional Técnica de Nível Médio
Universidade das Américas Unidas**

3.1.10 Edital

O edital é o documento utilizado para divulgar a realização de concursos públicos, processos seletivos, licitações, convocações, citações, proclamas, entre outros eventos.

No ambiente empresarial, há editais para a eleição dos componentes da Comissão Interna de Prevenção de Acidentes (Cipa) ou para qualquer outro processo seletivo interno.

O tipo de edital mais frequentemente visto é o de convocação do síndico de um condomínio para os condôminos participarem de reunião ordinária e/ou extraordinária. Normalmente, esse documento fica afixado na parte comum das dependências do condomínio (recepção, elevador etc.), porque, como citamos, esse é um documento criado para ser amplamente divulgado.

Já o edital para a realização de concursos públicos é disponibilizado nos *sites* das entidades e/ou órgãos organizadores do processo seletivo. No edital devem constar as seguintes informações: quem compõe a comissão do processo seletivo, a base legal que dá suporte para o edital e, consequentemente, para a realização do concurso público, o objetivo do edital, o curso ou cargo que ofertará a vaga, as vagas ofertadas, a inscrição para a vaga com todas as informações necessárias para sua realização, etapas do processo seletivo com os critérios de seleção em cada uma delas, cronograma do processo seletivo e disposições gerais.

Ao se propor a participar de algum processo seletivo, lembre-se de que a leitura do edital é item obrigatório, bem como todo o seu cumprimento com relação à entrega de documentos, à forma de realização e aos prazos. É o edital que orientará todo o processo seletivo. Em caso de dúvida, ele precisa ser consultado. O não cumprimento de qualquer item nele contido poderá acarretar a eliminação do candidato.

3.1.11 Memorando

O memorando, também chamado de *comunicado interno* (CI), é um documento que se destina apenas a uma comunicação interna na organização: "entre departamentos de uma mesma empresa, ou entre a matriz e suas filiais e vice-versa, ou entre as filiais" (Medeiros, 2010, p. 77).

A estrutura do memorando é bastante simples. No cabeçalho devem constar os seguintes elementos: quem emite e para quem é destinado (departamento ou setor), data do documento e assunto. Em seguida, insere-se o conteúdo do documento.

Exemplo de memorando

MEMORANDO INTERNO   Nº 2020/20

Para: Todos os departamentos e filiais da empresa
De: Francisco Gutemberg / Departamento de RH
Data: 20 de dezembro de 2020.

Assunto: Recesso de final de ano

Informamos que a empresa fará o recesso de final de ano no período de 24 de dezembro de 2020 a 10 de janeiro de 2021. A empresa voltará às suas atividades normais no dia 11 de janeiro de 2021.

Francisco Gutemberg
Diretor de RH

3.1.12 Nota promissória

A nota promissória é o documento por meio do qual o devedor assume a dívida e o compromisso de saldá-la. Segundo Medeiros (2010, p. 79), "é uma promessa de pagamento feita pelo próprio devedor ao credor em que ele se obriga ao pagamento de uma soma prefixada. Portanto, é um título de crédito pelo qual alguém se compromete a pagar a outrem [...]".

Exemplo de nota promissória

NOTA PROMISSÓRIA Nº 01/2020   Vencimento: 29/01/2021

R$ 2.000,00

No dia vinte e nove de janeiro de dois mil e vinte e um, pagarei por esta única via de NOTA PROMISSÓRIA a José da Silva Xavier, CPF 999.999.999-99 ou à sua ordem, a quantia de dois mil reais.

Local de pagamento: Curitiba / PR   Data da emissão: 21/12/2020
Emitente: Maria Joaquina
CPF 123.456.789-09
Endereço: Rua das Flores, 244 – Curitiba / PR

Assinatura do emitente

3.1.13 Ordem de serviço

A ordem de serviço é utilizada nas organizações para solicitar ou autorizar a execução de tarefas, reparos, serviços etc.

Exemplo de ordem de serviço

ORDEM DE SERVIÇO   Nº 50/2020

De: Departamento Jurídico / sala 236
Para: Setor de Manutenção e Serviços Gerais
Data: 21/12/2020

Assunto: Troca de luminárias
Solicito a troca de duas luminárias queimadas na sala 236, do Departamento Jurídico, com a maior brevidade possível.

Assinatura do solicitante

Esse documento é emitido pela pessoa responsável pelo setor que necessita de reparos e/ou manutenção e é dirigido ao setor de manutenção e/ou serviços gerais ou outro similar. Em outras palavras, quem emite o documento tem autorização para falar em nome do setor que solicita o reparo e sempre será destinado a quem cuida dos reparos e/ou manutenção na empresa ou, ainda, a quem é responsável por solucionar esse tipo de problema.

3.1.14 Procuração

A procuração é um documento usado para que uma pessoa autorize outra a representá-la em momentos em que ela não poderá estar presente. A esse representante é dado o poder de agir, com os direitos que forem estabelecidos na procuração, em nome de outro.

Na procuração, devem ser apresentados os dados de quem a emite e da pessoa que está sendo instituída como procuradora (nome completo, nacionalidade, estado civil, profissão, endereço completo, RG e CPF). É preciso detalhar especificamente de que forma o procurador vai representar o emitente e que poderes terá para fazer isso.

Há dois tipos principais de procuração: a particular e a pública. A **procuração pública** é documento autenticado em cartório, podendo ser redigido pelo escrevente do cartório ou pelo outorgante (pessoa que outorga poderes a outra). Já a **procuração particular** é um documento mais simples, redigido em papel contendo a assinatura do outorgante sem as formalidades da procuração pública. Por essa razão, ela não é aceita em todas as transações jurídicas, como no caso de transferência de imóveis, mas é aceita para representar o outorgante em uma reunião de condomínio, na inscrição em um processo seletivo interno na empresa, na retirada de documentos em instituições de ensino etc.

Exemplo de procuração

> **PROCURAÇÃO**
>
> MARIA DAS GRAÇAS DE ALENCAR, brasileira, casada, secretária-executiva, residente na Rua dos Passarinhos, nº 266, na cidade de Curitiba, estado do Paraná, portadora do RG 9.999.999-9/PR, CPF 999.999.999-99, constitui e nomeia sua procuradora PIETRA DE ARAÚJO, brasileira, solteira, auxiliar de escritório, residente na Rua das Araras, nº 203, na cidade de Curitiba, estado do Paraná, para representá-la na instituição XYZ, com a finalidade específica de realizar a sua inscrição no processo seletivo do curso de Especialização em Gestão e Negócios. Pode, para tanto, fazer entrega e retirada de documentos na Secretaria Acadêmica da instituição XYZ, preencher formulários de inscrição do curso, solicitar informação sobre o cronograma do processo seletivo, realizando todo e qualquer ato necessário para esse fim.
>
> Curitiba, 10 de dezembro de 2020.
>
> Assinatura com firma reconhecida

3.1.15 Recibo

Recibo é o documento por meio do qual o emitente atesta ter recebido o valor ou o objeto declarado. Serve não só para dar quitação de dívida, de forma parcial ou total, como também para comprovar o pagamento e a entrega de documentos ou objetos.

Exemplo de recibo

RECIBO

R$ 2.000,00

Recebi de José da Silva Xavier o valor de R$ 2.000,00 (dois mil reais) referente ao pagamento da Nota Promissória n° 1/2020.

Curitiba, 29 de janeiro de 2021.

Maria Joaquina
CPF 000.000.000-00
Endereço: Rua dos Passarinhos, 244 – Curitiba / PR

3.1.16 Regulamento

O regulamento apresenta um conjunto de normas e regras. É um documento que pode cumprir uma série de objetivos: apresentar normas e regras de convivência e comportamento em espaços de uso comum ou em uma organização no que diz respeito à utilização dos espaços coletivos da empresa/entidade, informar os comportamentos não permitidos na empresa, os horários de funcionamento etc.; descrever as normas para a participação em um concurso (fotografia, beleza, culinária etc.).

Você já deve ter visto alguns tipos de regulamento, ainda que bastante simples. No passado, eles costumavam ser afixados dentro dos quartos de pequenos hotéis e pousadas, ao lado da porta. Ainda é possível vê-los nos apartamentos alugados por empresas de aluguel de imóveis[4].

---

4   A mais famosa é a Airbnb, por ter sido a pioneira, mas há mais empresas atuando nesse segmento.

3.1.17 Relatórios

Os relatórios administrativos são, segundo Medeiros e Hernandes (2006, p. 83), "comunicações produzidas pelos membros de uma organização [...]". Sua forma de apresentação pode variar bastante. Pode ser por meio de uma simples carta comercial, de um memorando, de uma tabela, um gráfico ou um quadro, de uma palestra ou apenas de uma apresentação oral (Medeiros; Hernandes, 2006).

O que você precisa saber é que o relatório pode assumir diversos formatos, similares a esses documentos, mas ainda assim ser um relatório. Portanto, o relatório pode ser apresentado com a mesma formatação de um memorando, por exemplo.

Apesar de isso ser possível, conforme Medeiros e Hernandes (2006), o recomendado é adotar a formatação de uma carta comercial, utilizando-se os estilos bloco compacto ou cheio, apresentados anteriormente.

Os relatórios administrativos têm o objetivo de "prestar informações quanto à situação dos planos estabelecidos, dos projetos concebidos e das operações que devem ser realizadas ou já o foram [...]" (Medeiros; Hernandes, 2006, p. 83).

O relatório também é uma ferramenta útil para a coleta de dados ou a prestação de informações de uma viagem ou curso de que o colaborador tenha participado. Nesse sentido, você também poderá ser convidado a elaborar um relatório ou apenas fazer um simples relato em uma reunião de sua participação em um curso/treinamento oferecido pela empresa.

Exemplo de relatório administrativo

EMPRESA XYZ
Relatório da Diretoria Financeira

Senhor Diretor(a):

Em cumprimento à sua solicitação e às disposições legais, submetemos à sua apreciação o Balanço Patrimonial e a Demonstração de Resultado do Exercício (DRE) do ano de exercício financeiro de 2021 da empresa. Com base nesses documentos, a diretoria financeira atesta que: a empresa XYZ atende à legislação fiscal brasileira e obteve excelente desempenho financeiro no período e, ainda, que é possível aferir os lucros cabíveis aos acionistas da empresa.

Para o ano de 2022, é possível iniciar o planejamento estratégico e tributário, uma vez que os referidos documentos permitem identificar as necessidades operacionais e/ou financeiras da organização. A Diretoria Financeira coloca-se à disposição para quaisquer esclarecimentos que se fizerem necessários.

Curitiba, 5 de janeiro de 2022.

A Diretoria

Como você pode notar, uma característica comum a todos os relatórios, sejam orais, sejam escritos, é a prestação de contas do que a pessoa encarregada de determinada tarefa constatou, observou e analisou. No exemplo apresentado, trata-se de um diretor prestando contas a seu superior da situação financeira da empresa que foi analisada por ele. O formato adotado, nesse caso, foi o de uma carta comercial, mas poderia ter sido usado outro formato, se assim se desejasse.

3.1.18 Mensagem eletrônica

Com a ampliação do acesso à internet para mais usuários, a comunicação por meio de *e-mails*, de aplicativos de mensagens e de outras ferramentas digitais torna-se mais frequente.

Atualmente, muitas empresas adotam como política interna a recomendação de que a comunicação seja feita, preferencialmente, de forma eletrônica. Por um lado, isso agiliza a comunicação e, sem dúvida, evita o desperdício e o acúmulo de papéis; por outro, exige maior controle na gestão desses documentos.

Ainda que haja acordos verbais prévios, a recomendação é o registro por meio de mensagens trocadas por *e-mails*.

Para Medeiros (2010, p. 84), "a mensagem eletrônica é como outra qualquer mensagem escrita. Requer os mesmos cuidados de clareza, simplicidade, coerência, coesão entre as ideias, precisão".

Todavia, há também cuidados específicos a serem considerados para o envio de *e-mail*. Um deles é definir objetivamente o assunto não apenas para facilitar a localização do *e-mail* e a identificação de seu conteúdo, como também para favorecer que o destinatário atribua a devida importância à mensagem.

Outro cuidado refere-se aos destinatários que, além do destinatário principal, estarão em cópia na mensagem, é preciso se atentar se eles poderão estar visíveis ou se serão adicionados como destinatários ocultos.

É sempre bom informar quem está sendo adicionado, seu cargo e, principalmente, o motivo da adição. Quando se envia uma mesma mensagem para vários destinatários que, necessariamente, não precisam ser identificados, é possível colocar todos os endereços como cópia oculta a fim de garantir sua privacidade.

O mesmo cuidado deve ser observado para informar e justificar o envio de anexo(s). Além de necessária, a explicação do que está sendo enviado é fundamental até para motivar o destinatário a abrir o arquivo. Se o destinatário não entender a pertinência do envio do anexo, talvez jamais venha a abrir o arquivo.

Você já recebeu *e-mail* com anexos sem qualquer explicação? Com histórias recorrentes de golpe, você abriria os anexos cujo teor desconheça? Claro que não. Além disso, é necessário lembrar que abrir anexos demanda tempo.

A orientação para o envio de anexos também se aplica ao encaminhamento de *e-mails*. É preciso explicar o motivo dessa ação, indicando-se a importância de o destinatário ter ciência da mensagem, ainda que não tenha sido enviada diretamente para ele.

No caso de mensagem encaminhada, deve-se responder, pelo menos, para quem fez o encaminhamento, confirmando o recebimento.

O WhatsApp é outra ferramenta muito utilizada no dia a dia, quase obrigatória. Apesar de sua praticidade e da velocidade com que a informação é partilhada, no ambiente corporativo, seu uso é recomendado para troca de mensagens rápidas e/ou urgentes.

Em virtude da praticidade e da agilidade, cada vez mais, acordos e contratos são celebrados utilizando-se exclusivamente o WhatsApp. Apesar disso, não se recomenda usar esse aplicativo para firmar acordos ou tratativas, uma vez que, em 2021, o STJ manteve o entendimento de que os *prints* das telas de conversas desse aplicativo de mensagem não são provas válidas.

4 Gestão de documentos

Gerenciamento é substituir músculos por pensamentos, folclore e superstição por conhecimento, e força por cooperação.

Peter Drucker

Para abordarmos a gestão documental, é fundamental esclarecermos inicialmente os conceitos de documento e documentação. Segundo o dicionário *Michaelis*, *documento* é definido como

> Qualquer elemento com valor documental (fotos, filmes, papéis, peças, fitas de gravações, construções, objetos de arte etc.) capaz de provar, elucidar, instruir um processo, comprovar a veracidade ou evidência científica de algum fato, acontecimento, teoria, declaração etc. (Michaelis, 2015)

Na definição de Valentini (2009, p. 1), *documento* é "registro de uma informação, independentemente da natureza do suporte que a contém". Nessa conceituação, o autor apresenta um elemento importante do documento – o suporte de informação –, que corresponde ao "material físico no qual a informação é registrada" (Valentini 2009, p. 1).

Figura 4.1 – Conceito de documento

| Suporte de informação | + | Dados e informações | = | Documento |

Fonte: Elaborado com base em Santos; Reis, 2011, p. 20.

Com base no que ilustra a Figura 4.1, o suporte de informação é a ferramenta utilizada para o armazenamento e a guarda dos dados e das informações da organização. Por exemplo, no caso de um ofício armazenado no disco rígido do computador da empresa, o suporte é o disco rígido, e tudo o que está no conteúdo do documento são os dados e as informações.

Outro exemplo para diferenciar suporte de dados e informações é o livro. O livro físico nada mais é do que o suporte de informação. Em outras palavras, é o livro físico que ancora, sustenta, apoia os dados e informações contidos nele. O conteúdo do livro são os dados e as informações. O documento é a soma do suporte de informação mais os dados e as informações.

Vale destacar aqui a importância e a necessidade da escolha de um bom e adequado suporte de informação para o armazenamento e a conservação dos dados e informações contidos no documento. Aprofundaremos a abordagem desse assunto no Capítulo 5.

No Quadro 4.1, citamos alguns suportes já usados desde a invenção da escrita.

Quadro 4.1 – Suportes de escrita (evolução)

Épocas remotas	Épocas mais recentes
Mármore	Papiro
Cobre	Pergaminho
Marfim	Papel
Tábua	
Placas ou tabletes de argila	

Fonte: Valentini, 2009, p. 3.

Ao Quadro 4.1 é necessário acrescentarmos os suportes magnéticos e ópticos como os mais recentes.

Retomando o conceito de documento, devemos observar que ele ganha significados bastante diferentes em função dos órgãos de documentação (arquivo, bibliotecas e museus). Isso significa dizer que o documento não se limita apenas ao suporte papel, por exemplo.

Para melhorar sua compreensão, façamos uma analogia. Em determinada ocasião, levei uma turma de alunos ao Museu do Perfume. Como você pode imaginar, o museu contava a história do perfume e proporcionava ao visitante uma viagem pelo olfato. A proposta era ir de estande em estande e apertar um botão para ter contato com a fragrância.

Nesse exemplo, podemos afirmar que o perfume é um documento; o suporte de informação utilizado é a fragrância. Mesmo que sejamos leigos no assunto, sabemos que, na fragrância, há dados e informações, como sua composição (óleos essenciais, fixadores etc.). Dessa forma, a fragrância mais os dados e informações contidos nela asseguram que se trata de um documento, ainda que você possa achá-lo diferente, pouco usual. Foi exatamente por isso que a visita ao Museu do Perfume foi proposta aos alunos. Lembre-se de que não podemos associar documento apenas ao papel.

Quadro 4.2 – Noção de documento na biblioteconomia, na arquivologia e na museologia

	Biblioteconomia	Arquivologia	Museologia
Problema	Análise da literatura científica	Comprovação da origem	Sentido histórico e estético
Método	Ênfase no conteúdo/ assunto	Ênfase na autenticidade/ função	Ênfase no objeto/ informações intrínsecas e extrínsecas
Desenvolvimento	Técnico-científico	Jurídico--administrativo	Artístico-cultural

Fonte: Tanus; Renau; Araújo, 2012, p. 170.

Para Paes (2004, p. 18), "a biblioteconomia trata de documentos individuais e a arquivística, de conjuntos de documentos". Por sua vez, Santos e Reis (2011, p. 3) explicam que os documentos da biblioteca "são produzidos e conservados com objetivos culturais)". O mesmo não ocorre com o arquivo, em que "são produzidos e conservados com objetivos funcionais" (Santos; Reis, 2011, p. 3).

Bellotto (2004, p. 38) afirma que a biblioteca é

> órgão colecionador (reúne artificialmente o material que vai surgindo e interessando à sua especialidade) [...]; o arquivo é órgão receptor (recolhe naturalmente o que produz a administração pública ou privada à qual serve); [...] o museu é órgão colecionador, isto é, a coleção é artificial e classificada segundo a natureza do material e a finalidade específica do museu [...].

É importante lembrar que a biblioteconomia tem como ferramenta de trabalho livros, revistas científicas, jornais etc., enquanto a museologia trata de documentos como peças e objetos de arte.

Com relação à documentação, Medeiros e Hernandes (2006, p. 210) esclarecem que se trata de "um conjunto de técnicas cujo objetivo primordial é a produção, sistematização, distribuição e utilização de documentos". Ela "pode ter natureza comercial, científica ou oficial, conforme sua organização, utilização e finalidade" (Medeiros; Hernandes, 2006, p. 211).

A finalidade da documentação em uma organização é jurídico-administrativo e, para tanto, resulta do empenho em registrar os acontecimentos e fatos comerciais que nela ocorrem, preservando a informação gerada para, assim, alicerçar o conhecimento organizacional.

A informação deve estar a serviço da empresa e, para que seja disponibilizada, a documentação passa por fases de processamento, assim descritas por Medeiros e Hernandes (2006, p. 214):

- » **recolhimento**: em que ocorre a escolha dos documentos, selecionando, de forma imparcial, o que é útil à empresa;
- » **leitura**: com base em leitura criteriosa, deve ser identificada a utilidade do documento e sua escolha;
- » **classificação**: segue uma orientação teórica para possibilitar a sua utilização.

Não vamos nos aprofundar no estudo da classificação da documentação porque ela é utilizada na biblioteconomia. Ainda assim, é importante que você saiba que a classificação da documentação é feita pelo **sistema decimal de Dewey**.

Como explicam Medeiros e Hernandes (2006, p. 215), o bibliotecário Melvil Dewey dividiu "os ramos do conhecimento em 10 grupos, que são, por sua vez, subdivididos inúmeras vezes, a fim de que possam proporcionar grupos específicos de assuntos. Cada subdivisão recebe um número decimal, daí o nome de sistema".

Encontramos facilmente em qualquer biblioteca exemplos do sistema decimal de Dewey, afixado no lombo dos livros. É por meio desse sistema que os livros são organizados e disponibilizados na biblioteca.

Outro local em que identificamos o sistema decimal de Dewey é na ficha catalográfica de qualquer livro. Nela, além dos dados do(s) autor(es), do título (e subtítulo) do livro, da cidade, da editora e do ano, também consta a classificação do livro de acordo com esse sistema.

Figura 4.2 – Exemplo de ficha catalográfica

> **Dados Internacionais de Catalogação na Publicação (CIP)**
> **(Câmara Brasileira do Livro, SP, Brasil)**
>
> Pegorini, Diana Gurgel
>   Redação e gestão de documentos/Diana Gurgel Pegorini.
> Curitiba, PR: InterSaberes, 2022.
>
>   Bibliografia.
>   ISBN 978-65-5517-219-5
>
>   1. Comunicação – Gestão 2. Documentos – Arquivamento
> 3. Documentos – Avaliação 4. Documentos – Fontes
> 5. Documentos – Gerenciamento eletrônico
> 6. Documentos – Gestão 7. Redação empresarial 8. Redação
> oficial I. Título.
>
> 22-99357   CDD-658.4
>
>   **Índice para catálogo sistemático:**
> 1. Redação: Gestão de documentos: Administração   658.4
>   Eliete Marques da Silva – Bibliotecária – CRB-8/9380

4.1 Arquivo, arquivologia e arquivística

Santos e Reis (2011, p. 6) afirmam que "a arquivologia, também chamada de arquivística, pode ser compreendida como a disciplina que estuda os princípios e técnicas a serem observados na produção, organização, guarda, preservação e utilização dos arquivos". *Arquivologia* e *arquivística* são, portanto, termos sinônimos.

Os princípios teórico-metodológicos da teoria arquivística são definidos, segundo Santos e Reis (2011), da seguinte forma:

» **Proveniência**: necessidade de se respeitar a origem dos documentos, que devem ser organizados por conjuntos relativos a uma mesma origem.

» **Organicidade**: compreensão de que os arquivos refletem as características da entidade mantenedora, como a estrutura, as funções e as atividades.
» **Indivisibilidade**: exigência de que os conjuntos de documentos[1] se mantenham juntos, sem eliminações nem acréscimos indevidos.
» **Unicidade**: compreensão de que o arquivo mantém sua originalidade/caráter único considerando-se o contexto em que ele foi criado.
» **Cumulatividade**: resultado de sua progressão e da evolução natural de suas atividades.

Valentini (2009, p. 5, grifo do original) explica que a palavra *arquivo* "é de origem grega. Deriva de **archeion** (depósitos de documentos da antiga Grécia), e esta de **arché** (palácios dos magistrados)". O autor (2009, p. 5) menciona também que "alguns defendem a tese de que a palavra arquivo é de origem latina, do latim *archivum*, que significa 'lugar de guarda de documentos e de títulos de nobreza'".

Não há um consenso entre os pesquisadores da área arquivística com relação ao conceito de arquivo. Ele pode, de fato, designar muitas coisas:

> um conjunto de documentos; móvel para guarda de documentos; local onde o acervo documental arquivístico deverá ser conservado; órgão governamental ou institucional cujo objetivo seja o de guardar e conservar a documentação; títulos de periódicos – geralmente no plural, devido à influência inglesa e francesa. (Paes, 2004, p. 20)

A finalidade principal do arquivo é "servir à administração, constituindo-se, com o decorrer do tempo, em base do

---
1 No glossário arquivístico, trata-se do chamado *fundo*, que é o conjunto de documentos de mesma origem, ou seja, um arquivo.

conhecimento da história" (Paes, 2004, p. 20). É possível afirmar, portanto, que o arquivo da empresa auxilia na construção do conhecimento organizacional e, como sabemos, isso é importante nesse contexto.

Como aponta Valentini (2009, p. 6), as funções básicas do arquivo são "guarda, conservação e disponibilização para permitir o acesso aos documentos pelos consulentes", com o objetivo de "armazenar adequadamente os documentos e transmitir com precisão as informações contidas nos mesmos".

Dependendo das características do arquivo, ele pode ser classificado conforme "as entidades mantenedoras, os estágios de sua evolução, a extensão de sua atuação, a natureza dos documentos" (Paes, 2004, p. 20). Na Figura 4.3, indicamos quais podem ser as entidades mantenedoras de arquivos.

Figura 4.3 – Classificação dos arquivos: entidades mantenedoras

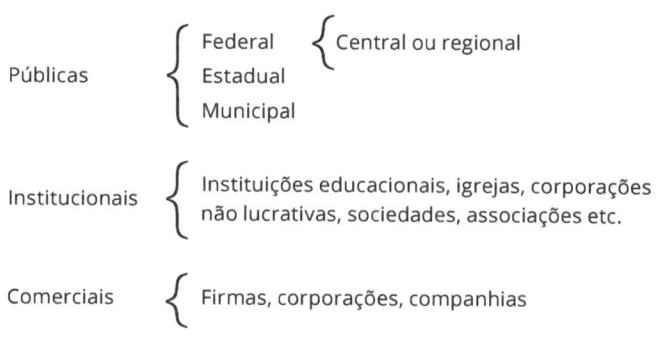

Públicas
- Federal { Central ou regional
- Estadual
- Municipal

Institucionais
- Instituições educacionais, igrejas, corporações não lucrativas, sociedades, associações etc.

Comerciais
- Firmas, corporações, companhias

Familiais ou pessoais

Fonte: Paes, 2004, p. 21.

Como o nome já sugere, a **entidade mantenedora** é a responsável pelo arquivo, à qual cabe a responsabilidade de geri-lo da melhor forma possível, visando à sua guarda e à sua conservação.

Quanto ao **estágio de evolução**, o arquivo pode ser classificado tendo em vista três fases e/ou idades: 1) arquivo de primeira idade, ou corrente; 2) arquivo de segunda idade, ou intermediário; e 3) arquivo de terceira idade, ou permanente.

Os estágios de evolução dos arquivos são sistematizados pela teoria das três idades, que se fundamenta no conceito de ciclo vital dos documentos ou ciclo vital arquivístico.

No Quadro 4.3, indicamos como os arquivos são conceituados nessa classificação.

Quadro 4.3 – Conceitos da teoria das três idades

Arquivo de 1ª idade ou corrente	
Paes (2004, p. 21-22)	"constituído de documentos em curso ou consultados frequentemente, conservados nos escritórios ou nas repartições que os receberam e os produziram ou em dependências próximas de fácil acesso".
Valentini (2009, p. 15-16)	"guarda documentos consultados com frequência, devido ao seu uso funcional/administrativo/jurídico (ligado à finalidade dos arquivos). Por isso que eles possuem valor primário".
Bueno e Rodrigues (2021, p. 95)	"os documentos encontram-se em fase de tramitação e de uso frequente para a gestão dos assuntos vigentes, e estão sob a responsabilidade direta das unidades administrativas ou serviços de arquivo, permanecendo nessa fase por um período que depende da finalização de sua tramitação por várias razões administrativas, jurídicas, financeiras, técnicas etc.".

(continua)

(Quadro 4.3 - continuação)

Arquivo de 2ª idade ou intermediário	
Paes (2004, p. 21-22)	"constituídos de documentos que deixaram de ser frequentemente consultados, mas cujos órgãos que os receberam e os produziram podem ainda solicitá-los, para tratar de assuntos idênticos ou retomar um problema novamente focalizado. Não há necessidade de serem conservados próximos aos escritórios. A permanência dos documentos nesses arquivos é transitória. Por isso, são também chamados de 'limbo' ou 'purgatório'".
Valentini (2009, p. 15-16, grifo do original)	"guarda documentos que não são consultados mais com tanta frequência, e que **aguardam a sua destinação final em depósito de armazenamento temporário**, ou seja, se serão guardados permanentemente ou se serão eliminados após determinado tempo. Também chamado de pré-arquivo, os documentos ficam alojados geralmente distantes dos escritórios de trabalho (local afastado). Apesar de menos consultados, quando houver necessidade precisam estar acessíveis para o administrador (órgão produtor). Ainda possuem valor primário".
Bueno e Rodrigues (2021, p. 95)	"composto por documentos que, finalizados seus trâmites, deixam de ser frequentemente consultados, de acordo com os prazos de temporalidade e procedimentos estabelecidos pelas comissões de avaliação de documentos, sendo transferidos para o arquivo intermediário e destinados posteriormente para eliminação ou guarda permanente, caso representem valores secundários culturais, legais, científicos ou históricos".

(Quadro 4.3 – conclusão)

Arquivo de 3ª idade ou permanente	
Paes (2004, p. 21-22)	"constituído de documentos que perderam todo valor de natureza administrativa, que se conservam em razão de seu valor histórico ou documental e que constituem os meios de conhecer o passado e sua evolução. Estes são os arquivos propriamente ditos".
Valentini (2009, p. 15-16)	"guarda documentos que devem ser conservados definitivamente por terem valor histórico ou documental (probatório e informativo) para o Estado e a sociedade. Tais documentos perderam todo o valor administrativo [...]".
Bueno e Rodrigues (2021, p. 95)	"os documentos, após destinação na fase anterior, são selecionados e recolhidos por seus valores secundários, preservados em condições que garantam sua integridade e amplo acesso, seja para a organização produtora ou por usuários externos ao ambiente organizacional de produção desses documentos, constituindo-se permanentemente como parte do patrimônio histórico e da memória das organizações, países, estados etc.".

Fonte: Elaborado com base em Paes, 2004, p. 21-22; Valentini, 2009, p. 15-16; Bueno; Rodrigues, 2021, p. 95.

Podemos, então, com base no Quadro 4.3, entender que o arquivo de primeira idade contém documentos em curso, em fase de tramitação, em consequência de seu uso frequente. Esses documentos ainda estão sob a guarda do órgão que os produziu. São documentos de valor primário.

No arquivo de segunda idade, o documento já não é mais utilizado com frequência e, por isso, não é conservado na empresa. Sua consulta ainda pode acontecer para tratar de assuntos similares àqueles a que ele se refere. Os documentos, após análise e cumprimento dos prazos previstos na legislação (tabela de temporalidade), seguirão para a eliminação ou a guarda permanente (Paes, 2004; Valentini, 2009; Santos; Reis, 2011; Bueno; Rodrigues, 2021).

Já no arquivo de terceira idade, o documento perdeu seu total valor de natureza administrativa. Conserva o valor histórico e, por isso, é conservado de forma definitiva. É documento de valor secundário (Paes, 2004; Valentini, 2009; Santos; Reis, 2011; Bueno; Rodrigues, 2021).

Quadro 4.4 – Termos associados às idades dos arquivos

Corrente	Intermediário	Permanente
1ª idade	2ª idade	3ª idade
setorial	pré-arquivo	histórico
administrativo	*records centers*	de custódia
ativo	semiativo	passivo
vivo	limbo	morto[2]
de movimento	purgatório	estático
em curso	temporário	definitivo
núcleos de arquivo	transitório	final

Fonte: Valentini, 2009, p. 20.

Com relação ao ciclo vital arquivístico, é importante destacar que o documento não precisa passar, obrigatoriamente, por todas as fases/idades. Ele pode ser eliminado na fase corrente ou recolhido diretamente para a fase permanente.

....
2   Esse termo não é usado pelos profissionais da área, pois o consideram inadequado.

O documento também pode ser classificado pelo seu valor: valor primário ou valor secundário. Aqui, o valor do documento refere-se à sua forma de uso.

Quadro 4.5 – Valor do documento

Valor primário	Valor secundário
"refere-se ao uso administrativo, razão primeira da criação do documento, o que pressupõe o estabelecimento de prazos de guarda ou retenção anteriores à eliminação ou ao recolhimento para guarda permanente. O valor primário relaciona-se, portanto, ao período de uso do documento para o cumprimento dos fins administrativos, legais ou fiscais".	"refere-se ao uso dos documentos para outros fins que não aqueles para os quais os documentos foram, inicialmente, criados. Atribui--se (ou identifica-se, para alguns) o valor secundário aos documentos quando esses passam a ser considerados fontes de pesquisa e informação para terceiros e, também, para a própria administração, pois contêm informações essenciais sobre matérias com as quais a organização lida para fins de estudo".

Fonte: Elaborado com base em Indolfo, 2012, p. 22.

Como indica o Quadro 4.5, a utilização dos documentos de valor primário está intimamente relacionada com sua produção, ou seja, com as dimensões gerenciais, legais e financeiras da organização. O uso e a consulta são feitos pelos membros dessa mesma empresa. Já os documentos de valor secundário são os utilizados por usuários diversos, que não têm ligação direta com a entidade/organização que os criou, e com objetivos diferentes daqueles que motivaram sua criação.

Quanto à extensão de sua atuação, os arquivos podem ser classificados, segundo Paes (2004, p. 22), em arquivos setoriais ou arquivos gerais ou centrais.

Os **arquivos setoriais** são os documentos armazenados no mesmo local em que foram gerados. Os **arquivos gerais** ou **centrais** são os locais destinados para centralizar a guarda dos arquivos; eles recebem dos arquivos setoriais a documentação para guarda de forma centralizada.

Em síntese, os arquivos setoriais implicam que os documentos estão descentralizados (normalmente, nos setores em que são criados), e os arquivos gerais ou centrais, que os documentos estão centralizados (foram recolhidos para um local específico).

Quanto à natureza, ainda segundo Paes (2004, p. 22), os documentos podem ser classificados em arquivo especial ou arquivo especializado. **Arquivo especial** é aquele que "guarda documentos de formas físicas diversas – fotografias, discos, fitas, clichês, microformas, slides, disquetes, cd-rom – e que por esta razão, merecem tratamento especial [...]" (Paes, 2004, p. 22).

O **arquivo especializado**, conforme Paes (2004, p. 23), "tem sob sua custódia os documentos resultantes da experiência humana num campo específico [...], por exemplo, os arquivos médicos ou hospitalares [...]". Paes (2004) alerta para o fato de que esses arquivos são denominados, de forma inadequada, de *arquivos técnicos*.

A disposição dos documentos mostra o tipo de arquivamento adotado. Há dois modos de dispor os documentos: 1) de forma horizontal e 2) de forma vertical.

No **arquivo horizontal**, os documentos são dispostos uns sobre os outros, dentro de caixas ou sobre estantes. No **arquivo vertical**, os documentos estão dispostos uns atrás dos outros, o que facilita, consideravelmente, o manuseio e a consulta.

Há várias formas de classificar os documentos, e cada uma leva em conta um aspecto dos documentos.

Quanto ao gênero, de acordo com Paes (2004, p. 29), os documentos podem ser classificados em:

- » **escritos ou textuais**: documentos manuscritos ou impressos;
- » **cartográficos**: documentos com formatos e dimensões diferentes (mapas, plantas etc.);
- » **iconográficos**: com imagens estáticas (fotografias, desenhos etc.);
- » **filmográficos**: fitas magnéticas de imagem (*tapes*) etc.;
- » **sonoros**: com registros fonográficos (discos etc.);
- » **micrográficos**: documentos em suporte fílmico resultantes de microrreprodução de imagens etc.;
- » **informáticos**: documentos produzidos, tratados ou armazenados em computador.

Quanto à natureza do assunto, os documentos podem ser:

- » **ostensivos ou ordinários**: documentos cujo conteúdo pode ser do conhecimento de todos;
- » **sigilosos**: documentos cujo conteúdo pode ser de conhecimento de apenas uma pequena parcela da empresa.

Quanto ao grau de sigilo, os documentos públicos podem ser ultrassecretos, secretos, confidenciais ou reservados, como detalhamos no Quadro 4.6.

Quadro 4.6 – Grau de sigilo do documento

Grau de sigilo	Tempo/prorrogação	Acesso indevido
Ultrassecreto	Máximo de 30 anos, podendo ser prorrogado por mais 30	Acarreta dano excepcionalmente grave à segurança da sociedade e do Estado.
Secreto	Máximo de 20 anos, podendo ser prorrogado por mais 20 anos.	Acarreta dano grave à segurança da sociedade e do Estado.

(continua)

(Quadro 4.6 - conclusão)

Grau de sigilo	Tempo/prorrogação	Acesso indevido
Confidencial	Máximo de 10 anos, podendo ser prorrogado por mais 10 anos.	Acarreta dano à segurança da sociedade e do Estado.
Reservado	Máximo de 5 anos, podendo ser prorrogrado por mais 5 anos.	Revelação não autorizada de dados ou informações que podem comprometer planos, operações ou objetivos neles previstos ou referidos.

Fonte: Valentini, 2009, p. 32.

No Brasil, o Decreto n. 7.845, de 14 de novembro de 2012, em seu Capítulo III, Seção II, arts. 21 e 22, determina, especificamente, o tratamento que deve ser dado ao documento com informação classificada em qualquer grau de sigilo (Brasil, 2012a).

4.2 Gestão de documentos

A palavra *gestão* remete à ação de gerir, administrar; portanto, a gestão de documentos trata do gerenciamento e da administração da informação arquivística e dos arquivos, físicos ou digitais.

No Brasil, de acordo com o Decreto n. 4.073, de 3 de janeiro de 2002, compete ao Conselho Nacional de Arquivos (Conarq) "estabelecer diretrizes para o funcionamento do Sistema Nacional de Arquivos – Sinar, visando à gestão, à preservação e ao acesso aos documentos de arquivos" (Brasil, 2002a, art. 2º, I).

Por sua vez, o Sinar "tem por finalidade implementar a política nacional de arquivos públicos e privados, visando à gestão, à preservação e ao acesso aos documentos de arquivo" (Brasil, 2002a, art. 10).

Dessa forma, o Conarq estabelece as diretrizes para o funcionamento do Sinar, ao qual cabe a tarefa de implementar tais diretrizes, que constituem a política nacional para os arquivos públicos e privados do país.
Conforme a Lei n. 8.159, de 8 de janeiro de 1991, *arquivos* são:

> Art. 2° [...] os conjuntos de documentos produzidos e recebidos por órgãos públicos, instituições de caráter público e entidades privadas, em decorrência do exercício de atividades específicas, bem como por pessoa física, qualquer que seja o suporte da informação ou a natureza dos documentos. (Brasil, 1991)

A mesma lei define a *gestão de documentos* nos seguintes termos:

> Art. 3° [...] o conjunto de procedimentos e operações técnicas referentes à sua produção, tramitação, uso, avaliação e arquivamento em fase corrente e intermediária, visando a sua eliminação ou recolhimento para guarda permanente. (Brasil, 1991)

Segundo Valentini (2009, p. 99), o objetivo da gestão de documentos é "garantir, de maneira eficaz, a produção, administração, manutenção e destinação de documentos (de forma racional, econômica)", tendo como princípio básico assegurar a disponibilidade da informação no momento solicitado para quem dela necessitar na organização. O ideal é que isso possa ser feito com o menor custo possível (Valentini, 2009, p. 99).

Quadro 4.7 – Fundamentos legais da gestão de documentos

Documento	Descrição
Resolução n. 40, de 9 de dezembro de 2014, do Conarq	Trata dos procedimentos para a eliminação de documentos no âmbito dos órgãos e entidades integrantes do Sinar (Brasil, 2014b).

(continua)

(Quadro 4.7 - continuação)

Documento	Descrição
Decreto n. 3.575, de 22 de dezembro de 2011, do Governo do Estado do Paraná	"Compete à Comissão Setorial de Avaliação de Documentos – CSA, com orientação técnica do Departamento Estadual de Arquivo Público – DEAP, a elaboração do Código de Classificação e a Tabela de Temporalidade de Documentos produzidos no exercício das atividades finalísticas do órgão" (Paraná, 2012, art. 5º).
Lei n. 12.527, de 18 de novembro de 2011, arts. 10 a 14	Trata da gestão e do acesso à informação (Brasil, 2011).
Decreto n. 4.073, de 3 de janeiro de 2002	Regulamenta a Lei n. 8.159, de 8 de janeiro de 1991, e apresenta a política nacional de arquivos públicos e privados (Brasil, 2002a).
Lei n. 9.605, de 12 de fevereiro de 1998	"Destruir, inutilizar ou deteriorar: [...] II – arquivo, registro, museu, biblioteca, pinacoteca, instalação científica ou similar protegido por lei, ato administrativo ou decisão judicial: Pena – reclusão, de um a três anos, e multa" (Brasil, 1998, art. 62, II).
Decreto n. 1.799, de 30 de janeiro de 1996, art. 11	"Os documentos, em tramitação ou em estudo, poderão, a critério da autoridade competente, ser microfilmados, não sendo permitida a sua eliminação até a definição de sua destinação final" (Brasil, 1996a, art. 11).
Decreto n. 1.799, de 30 de janeiro de 1996, art. 12	"A eliminação de documentos, após a microfilmagem, dar-se-á por meios que garantam sua inutilização, sendo a mesma precedida de lavratura de termo próprio e após a revisão e a extração de filme cópia" (Brasil, 1996a, art. 12).
Decreto n. 1.799, de 30 de janeiro de 1996, art. 12, parágrafo único	"A eliminação de documentos oficiais ou públicos só deverá ocorrer se prevista na tabela de temporalidade do órgão, aprovada pela autoridade competente na esfera de sua atuação e respeitado o disposto no art. 9º da Lei nº 8.159, de 8 de janeiro de 1991" (Brasil, 1996a, art. 12, parágrafo único).

(Quadro 4.7 - continuação)

Documento	Descrição
Resolução n. 5, de 30 de setembro de 1996, do Conarq	Trata da publicação de editais para a eliminação de documentos nos Diários Oficiais da União, do Distrito Federal, dos estados e dos municípios (Brasil, 1996b).
Resolução n. 1, de 18 de outubro de 1995, do Conarq	Trata da necessidade da adoção de planos e/ou códigos de classificação de documentos nos arquivos correntes, que considerem a natureza dos assuntos resultantes de suas atividades e funções (Brasil, 1995).
Lei n. 8.159, de 8 de janeiro de 1991, art. 1º	"É dever do Poder Público a gestão documental e a proteção especial a documentos de arquivos, como instrumento de apoio à administração, à cultura, ao desenvolvimento científico e como elementos de prova e informação" (Brasil, 1991, art. 1º).
Lei n. 8.159, de 8 de janeiro de 1991, art. 3º	"Considera-se gestão de documentos o conjunto de procedimentos e operações técnicas referentes à sua produção, tramitação, uso, avaliação e arquivamento em fase corrente e intermediária, visando a sua eliminação ou recolhimento para guarda permanente" (Brasil, 1991, art. 3º).
Lei n. 8.159, de 8 de janeiro de 1991, art. 4º	"Todos têm direito a receber dos órgãos públicos informações de seu interesse particular ou de interesse coletivo ou geral, contidas em documentos de arquivos, que serão prestadas no prazo da lei, sob pena de responsabilidade, ressalvadas aquelas cujos sigilo seja imprescindível à segurança da sociedade e do Estado, bem como à inviolabilidade da intimidade, da vida privada, da honra e da imagem das pessoas" (Brasil, 1991, art. 4º).

(Quadro 4.7 – continuação)

Documento	Descrição
Lei n. 8.159, de 8 de janeiro de 1991, art. 7º	"Os arquivos públicos são os conjuntos de documentos produzidos e recebidos, no exercício de suas atividades, por órgãos públicos de âmbito federal, estadual, do Distrito Federal e municipal em decorrência de suas funções administrativas, legislativas e judiciárias" (Brasil, 1991, art. 7º).
Lei n. 8.159, de 8 de janeiro de 1991, art. 9º.	"A eliminação de documentos produzidos por instituições públicas e de caráter público será realizada mediante autorização da instituição arquivística pública, na sua específica esfera de competência" (Brasil, 1991, art. 9º).
Lei n. 8.159, de 8 de janeiro de 1991, art. 10	"Os documentos de valor permanente são inalienáveis e imprescritíveis" (Brasil, 1991, art. 10).
Lei n. 8.159, de 8 de janeiro de 1991, art. 11	"Consideram-se arquivos privados os conjuntos de documentos produzidos ou recebidos por pessoas físicas ou jurídicas, em decorrência de suas atividades" (Brasil, 1991, art. 11).
Lei n. 8.159, de 8 de janeiro de 1991, art. 12	"Os arquivos privados podem ser identificados pelo Poder Público como de interesse público e social, desde que sejam considerados como conjuntos de fontes relevantes para a história e desenvolvimento científico nacional" (Brasil, 1991, art. 12).
Lei n. 8.159, de 8 de janeiro de 1991, art. 17	"A administração da documentação pública ou de caráter público compete às instituições arquivísticas federais, estaduais, do Distrito Federal e municipais" (Brasil, 1991, art. 17).
Lei n. 8.159, de 8 de janeiro de 1991, art. 21	"Legislação estadual, do Distrito Federal e municipal definirá os critérios de organização e vinculação dos arquivos estaduais e municipais, bem como a gestão e o acesso aos documentos, observado o disposto na Constituição Federal e nesta Lei" (Brasil, 1991, art. 21).

(Quadro 4.7 – conclusão)

Documento	Descrição
Constituição Federal de 1988, art. 216, § 2º	"Cabem à administração pública, na forma da lei, a gestão da documentação governamental e as providências para franquear sua consulta a quantos dela necessitem" (Brasil, 1988, art. 216, § 2º).
Constituição Federal de 1988, art. 5º, XXXIII	"todos têm direito a receber dos órgãos públicos informações de seu interesse particular, ou de interesse coletivo ou geral, que serão prestadas no prazo da lei, sob pena de responsabilidade, ressalvadas aquelas cujo sigilo seja imprescindível à segurança da sociedade e do Estado" (Brasil, 1988, art. 5º, XXXIII).
Constituição Federal de 1988, art. 23, III	"É competência comum da União, dos Estados, do Distrito Federal e dos Municípios: [...] III – proteger os documentos, as obras e outros bens de valor histórico, artístico e cultural, os monumentos, as paisagens naturais notáveis e os sítios arqueológicos" (Brasil, 1988, art. 23, III).
Constituição Federal de 1988, art. 24, VII	"Compete à União, aos Estados e ao Distrito Federal legislar concorrentemente sobre: [...] VII – proteção ao patrimônio histórico, cultural, artístico, turístico e paisagístico" (Brasil, 1988, art. 24, VII).
Decreto-Lei n. 2.848, de 7 de dezembro de 1940, Capítulo III, da Falsidade Documental, art. 305 – Supressão de documento (Código Penal)	"Destruir, suprimir ou ocultar, em benefício próprio ou de outrem, ou em prejuízo alheio, documento público ou particular verdadeiro, de que não podia dispor: Pena – reclusão, de dois a seis anos, e multa, se o documento é público, e reclusão, de um a cinco anos, e multa, se o documento é particular" (Brasil, 1940, art. 305).

Com relação aos fundamentos da gestão de documentos, apresentamos as principais leis vigentes no país. Citamos também a legislação do Estado do Paraná, mas você pode e deve pesquisar a legislação do estado de sua residência.

Quanto às fases básicas da gestão de documentos, Paes (2004), Valentini (2009) e Santos e Reis (2011) identificam a produção, a utilização e a destinação de documentos.

Na **fase de produção** os documentos são gerados a partir das atividades comerciais/empresariais das empresas. Deve-se evitar criar documentos desnecessários, pois, se a empresa não tiver esse cuidado, facilmente estará às voltas com um volume de documentos grande demais. Isso gera dificuldade para a gestão, sem contar o custo de armazenamento que representa para a empresa. Paes (2004, p. 54) sugere que, nessa fase, "sejam criados apenas documentos essenciais à administração da instituição e evitadas duplicação e emissão de vias desnecessárias [...]".

Na **fase de utilização**, a empresa precisa providenciar que o documento siga o fluxo e os trâmites mais adequados para garantir que a informação circule pelos setores e chegue ao seu destino.

Para Paes (2004, p. 54), é na fase de utilização que ocorrem as atividades de: a) protocolo: recebimento, classificação, registro, distribuição e tramitação do documento; b) expedição, organização e arquivamento de documentos (corrente e intermediária); c) elaboração das normas de acesso à documentação; d) recuperação de informações.

A **fase de destinação** é apontada por Paes (2004) e Valentini (2009) como a mais importante e complexa porque, com base na tabela de temporalidade documental, a decisão sobre quais documentos serão eliminados ou quais serão preservados e por quanto tempo ocorre nessa etapa. Nela também é feita a avaliação de documentos.

Bernardes e Delatorre (2008, p. 33) explicam que a avaliação de documentos é "um processo multidisciplinar de análise que permite a identificação dos valores dos documentos, para fins da definição de seus prazos de guarda e de sua destinação final (eliminação ou guarda permanente)". As autoras alertam para o fato de que essa avaliação

> deve ser realizada dentro de parâmetros técnicos e jurídicos, a fim de se assegurar ao processo de análise a objetividade possível. Por isso, observa-se, de um lado, a legalidade (a conformidade dos prazos de guarda com a legislação vigente) e, por outro, a legitimidade (a elaboração multidisciplinar e coletiva de critérios). (Bernardes; Delatorre, 2008, p. 35)

A tabela de temporalidade é "instrumento de destinação, aprovado por autoridade competente, que determina prazos e condições de guarda tendo em vista a transferência, recolhimento, descarte ou eliminação de documentos" (Arquivo Nacional, 2005, p. 158). Ela é elaborada com base na avaliação documental, ou seja, é seu resultado. Como importante ferramenta de trabalho para orientar o destino dos documentos contidos no acervo, deve ser redigida conforme a legislação em vigor. Para Valentini (2009, p. 102), "é o registro esquemático do ciclo de vida documental do órgão".

4.3 Métodos de arquivamento

O método de arquivamento é "sequência de operações que determina a disposição dos documentos de um arquivo ou coleção, uns em relação aos outros, e a identificação de cada unidade" (Arquivo Nacional, 2005, p. 117).

Os métodos de arquivamentos são divididos em duas classes, como ilustra a Figura 4.4.

Figura 4.4 – Métodos de arquivamento

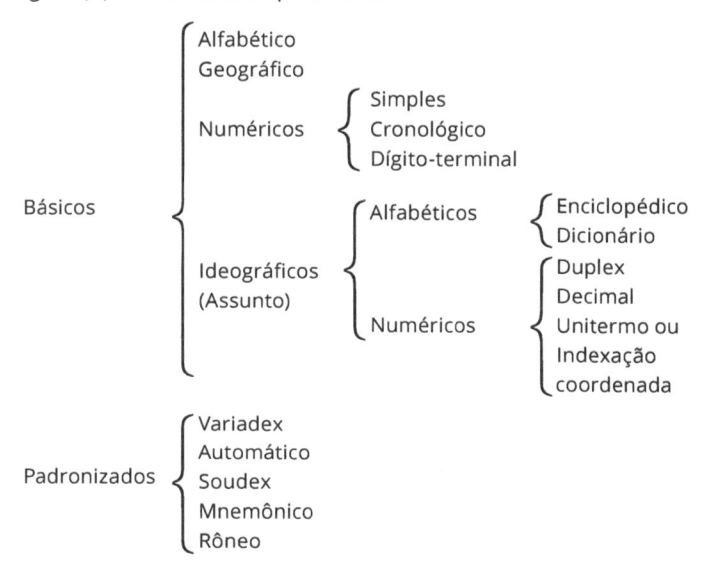

- Básicos
  - Alfabético
  - Geográfico
  - Numéricos
    - Simples
    - Cronológico
    - Dígito-terminal
  - Ideográficos (Assunto)
    - Alfabéticos
      - Enciclopédico
      - Dicionário
    - Numéricos
      - Duplex
      - Decimal
      - Unitermo ou Indexação coordenada
- Padronizados
  - Variadex
  - Automático
  - Soudex
  - Mnemônico
  - Rôneo

Fonte: Paes, 2004, p. 61.

Esses métodos se dividem em dois sistemas: 1) sistema direto e 2) sistema indireto. No **sistema direto**, a consulta ao documento é feita diretamente no local onde ele está guardado. No **sistema indireto**, é necessário consultar um índice ou código para localizar o documento desejado. O documento poderá ser encontrado somente após essa consulta.

Paes (2004, p. 61) aponta como exceção o método alfanumérico[3], pois, segundo a autora, ele "não se inclui nas classes de métodos básicos e padronizados e é considerado sistema semi-indireto".

---
3 Definido como "método de ordenação que tem por eixo a combinação de letras e números" (Arquivo Nacional, 2005, p. 116).

4.3.1 Métodos básicos

Como já indicamos na Figura 4.4, são classificados como básicos os métodos alfabético, geográfico, numéricos e ideográficos.

O **método alfabético** é o "método de ordenação que tem por eixo o alfabeto" (Arquivo Nacional, 2005, p. 115); segue rigorosamente a ordem alfabética, considerando-se o nome como elemento principal. É o método mais simples e prático, mas não funciona para acervos grandes. É muito comum ocorrerem erros no arquivamento, o que pode dificultar a localização do documento desejado. Entretanto, há facilidade para consultar o acervo documental.

Há 13 regras denominadas *regras de alfabetação*, descritas no Quadro 4.8.

Quadro 4.8 – Regras de alfabetação

Regras	Exemplos	Comentários
1ª: Com relação a nomes de pessoas físicas, consideramos o último sobrenome e, depois, o prenome.	Vanderlei Santos e João Silva arquivam-se: **SA**NTOS, Vanderlei **SI**LVA, João OU Antônio Silva, José Silva e Matias Silva arquivam-se: SILVA, **A**ntônio SILVA, **J**osé SILVA, **M**atias	No primeiro exemplo, segue-se a alfabetação letra por letra ou palavra por palavra: "**SA**NTOS, Vanderlei" virá antes de "**SI**LVA, João". O "**SA**" de SANTOS vem antes do "**SI**" de SILVA. Quando os sobrenomes são iguais, a ordem alfabética considerará o prenome.
2ª: Sobrenomes formados por substantivo e adjetivo ou ligados por hífen não se separam.	Joseph Vista Alegre e Mariah Vilas-Boas arquivam-se: **VIL**AS-BOAS, Mariah **VIS**TA ALEGRE, Joseph	Exemplifica-se com um sobrenome formado por um substantivo e por um adjetivo e com um sobrenome com hífen.

(continua)

(Quadro 4.8 – continuação)

Regras	Exemplos	Comentários
3ª: Sobrenomes formados com as palavras SANTA, SANTO ou SÃO não se separam.	Jorge São Bartolomeu e Mariana Santa Rita arquivam-se: **SAN**TA RITA, Mariana **SÃO** BARTOLOMEU, Jorge	
4ª: Iniciais abreviativas de prenomes têm precedência na classificação de sobrenomes iguais.	M. Duarte, Marcos Duarte e Maurício Duarte arquivam-se: **M.** Duarte **Mar**cos Duarte **Mau**rício Duarte	Deve-se ter cuidado para garantir que o M. Duarte não seja o Marcos Duarte nem o Maurício Duarte; caso contrário, será aberta uma ficha ou pasta em duplicidade.
5ª: Artigos e preposições, como A, O, DE, D', DA, DO, E, UM, UMA, não são considerados para efeito de ordenação alfabética.	Murilo d'Allagnol e Pietra de Souza arquivam-se: **A**LLAGNOL, Murilo d' **S**OUZA, Pietra de	
6ª: Sobrenomes como FILHO, JÚNIOR, NETO E SOBRINHO não se separam do último sobrenome por serem considerados parte integrante deles.	Nilson Albuquerque Filho e Marcos Oliveira Sobrinho arquivam-se: **A**LBUQUERQUE FILHO, Nilson **O**LIVEIRA SOBRINHO, Marcos	Apenas serão considerados quando servirem de elemento de distinção. Leandro Cardoso Filho, Leonardo Cardoso Neto e Luan Cardoso Sobrinho arquivam-se: CARDOSO **F**ILHO, Leandro CARDOSO **N**ETO, Leonardo CARDOSO **S**OBRINHO, Luan

(Quadro 4.8 - continuação)

Regras	Exemplos	Comentários
7ª: Títulos não devem ser considerados na alfabetação. Podem ser colocados ao lado, entre parênteses.	Capitão Ernesto Soares e Professor Adalberto Freitas arquivam-se: **F**REITAS, Adalberto (Professor) **S**OARES, Ernesto (Capitão)	
8ª: Nomes estrangeiros seguem a primeira regra, exceto se forem nomes espanhóis e orientais.	John Smith e Angelina Jolie arquivam-se: **J**OLIE, Angelina **S**MITH, John	
9ª: As partículas dos nomes estrangeiros são consideradas se gravadas em letra maiúscula; caso contrário, não são consideradas.	Scarlet O'Hara e Paolo di Rossi arquivam-se: **O'**HARA, Scarlet **R**OSSI, Paolo di	No sobrenome O'HARA, a partícula, gravada em letra maiúscula, foi considerada parte integrante do sobrenome, o que não aconteceu com a partícula "di".
10ª: O registro dos nomes em espanhol é feito pelo penúltimo sobrenome, que se refere ao sobrenome da família paterna.	Anita Lopes Hernández e Yago Santiago Marquez arquivam-se: **L**OPES HERNÁNDEZ, Anita **S**ANTIAGO MARQUEZ, Yago	No exemplo, LOPES foi herdado do pai e HERNÁNDEZ da mãe. No Brasil, primeiro vem o sobrenome da mãe, depois o do pai. Há casos em que os filhos só herdam o sobrenome do pai.
11ª: Nomes orientais são registrados como se apresentam.	Kumar Al-Rashidi e Xing Ming arquivam-se: **K**UMAR AL-RASHIDI **X**ING MING	Nomes japoneses, chineses e árabes grafam primeiro o sobrenome da família. Assim: KUMAR é o sobrenome da família e AL-RASHIDI é o prenome.

(Quadro 4.8 – conclusão)

Regras	Exemplos	Comentários
12ª: Nomes de empresas, órgãos governamentais, entidades etc. são registrados como se apresentam, desconsiderando-se artigos e preposições.	The Washington Post e Grupo Uninter arquivam-se: WASHINGTON POST (The) GRUPO UNINTER	
13ª: Números arábicos, romanos ou escritos por extenso que compõem títulos de congressos, conferências e similares aparecem no final, entre parênteses.	III Seminário de Pesquisa do Curso de Secretariado e 3º Congresso dos Organizadores de Eventos do Estado do Paraná arquivam-se: SEMINÁRIO DE PESQUISA DO CURSO DE SECRETARIADO (III) CONGRESSO DOS ORGANIZADORES DE EVENTOS DO ESTADO DO PARANÁ (3º)	

Fonte: Elaborado com base em Paes, 2004, p. 63-68; Valentini, 2009, p. 70-73.

Todas essas regras podem ser alteradas e/ou adaptadas em razão da necessidade, como é o caso de Maria das Graças Meneghel, cujo arquivamento pode ser "MENEGUEL, Maria das Graças (ver Xuxa)", porque ela é mais conhecida como Xuxa.

Por sua vez, o **método geográfico** é "método de ordenação que tem por eixo aspectos geográficos" (Arquivo Nacional, 2005, p. 118). Seu principal elemento para ordenação é o local (cidade, estado ou país). Por isso, é tão utilizado para arquivos em que esses elementos são importantes, como no caso do arquivo físico das filiais de uma empresa. Assim, o arquivo das filiais será classificado considerando-se a cidade, o estado ou o país. O sistema é o direto, portanto a consulta ao documento é possível de ser feita diretamente na ficha ou na pasta. Como segue também a ordenação alfabética, o método é fácil de ser usado.

Existem três formas de ordenação, segundo Valentini (2009, p. 74), exemplificadas a seguir.

1. Estado – cidade – correspondente

Quadro 4.9 – Exemplo 1: Estado – cidade – correspondente

Estado	Cidade	Correspondente
Amazonas	Coari	ARANTES, Igor
Paraná	Curitiba **(Capital)**	OLIVEIRA, Paulo
Paraná	Londrina	RESENDE, Joaquim
São Paulo	Barueri	SIMÕES, Gabriel

No Exemplo 1, a ordenação inicia pelos estados por ordem alfabética. Quando o estado se repete, aplica-se a ordem alfabética a partir das cidades, levando-se em consideração a capital do estado. A capital precederá todas as demais cidades de seu estado.

2. Cidade – estado – correspondente

Quadro 4.10 – Exemplo 2: Cidade – estado – correspondente

Cidade	Estado	Correspondente
Barueri	São Paulo	SIMÕES, Gabriel
Coari	Amazonas	ARANTES, Igor
Curitiba	Paraná	OLIVEIRA, Paulo
Londrina	Paraná	RESENDE, Joaquim

No Exemplo 2, a alfabetação considera o nome das cidades. Os mesmos dados do Exemplo 1 foram usados para que você perceba a diferença entre ordenar a partir do estado e ordenar a partir da cidade. A ordem de apresentação da ficha ou do documento é diferente para o Exemplo 2.

3. País – cidade – correspondente

Quadro 4.11 – Exemplo 3: País – cidade – correspondente

País	Cidade	Correspondente
Itália	Roma **(capital)**	DELLA, Giovanni
Itália	**F**lorença	BARDELLI, Luigi
Portugal	Fátima	ORSINI, Manuel

No Exemplo 3, a ordem alfabética é iniciada pelos nomes dos países. Quando o mesmo país aparecer na lista mais de uma vez, a capital precederá todas as demais cidades de seu país.

Já o **método numérico** conta com três formas de ordenação: 1) numérico simples; 2) numérico cronológico; e 3) numérico dígito-terminal.

O método numérico gera o menor número de erros de arquivamento. Seu sistema é o indireto, portanto, para localizar uma ficha, uma pasta ou um documento, recorre-se a um índice alfabético remissivo, sem o qual não é possível a localização (Valentini, 2009, p. 75).

O índice alfabético remissivo, ou apenas índice remissivo, é uma lista, planilha ou tabela em que constam a relação, os termos ou tópicos do método numérico. Assim, para localizar um cliente no arquivo cujo método é o numérico, é preciso consultar esse índice antes a fim de, na relação, verificar qual pasta e número o cliente recebeu. Um exemplo de índice remissivo pode ser visto no Quadro 4.12, a seguir.

O **método numérico simples** é, de fato, bastante simples. Para criá-lo, é preciso apenas colocar no documento o número da pasta em que será armazenado e adicionar um número sequencial, considerando-se sua ordem de entrada. Por exemplo: 001 (Pasta de número) + 100 (número sequencial).

Portanto, a pasta e o documento são numerados de forma sequencial. A explicação para isso é simples: a proposta do método numérico simples é arquivar cada documento em pasta única, de modo a facilitar sua localização rápida, tendo em vista que o registro pode ser feito em livro físico ou em uma planilha em arquivo digital, tal como mostrado no Quadro 4.12.

Quadro 4.12 – Índice do arquivo da empresa

Pasta	Número sequencial	Documento
001	100	Ata de reunião da Diretoria realizada no dia 8 de janeiro de 2021.
002	101	Proposta comercial da empresa Zeta W S.A
003	102	Pedido de Compras de n. 20/2021
004	103	Ordem de Serviço n. 15/2021

Como você pode observar, ao adotar esse método para organizar o arquivo, é preciso seguir rigorosamente o número sequencial. Pode-se também reaproveitar, por exemplo, uma pasta quando um documento é eliminado. Nesse caso, é necessário atualizar o índice para posterior localização do novo documento.

O **método numérico cronológico** é bastante utilizado em sistemas de protocolo em empresas públicas e privadas. É amplamente adotado em órgãos federais, estaduais e municipais. Trata-se de um "método de ordenação que tem por eixo o número e a data dos documentos" (Arquivo Nacional, 2005, p. 118).

Nesse método, o documento é numerado conforme a ordem cronológica do protocolo, acrescentando-se a data da abertura do documento. Assim, o documento recebe um número de registro que se constituirá em um processo. Para a localização do documento e, consequentemente, do processo, é necessário recorrer ao número (formado normalmente pelo número cronológico do órgão e pela data) estabelecido no momento do protocolo.

Um bom exemplo é o protocolo de atendimento que recebemos quando fazemos contato com uma empresa de telefonia. O sistema gera e informa ao cliente o número do protocolo de atendimento. É preciso ter esse número para futuras reclamações e/ou dúvidas.

No **método dígito-terminal**, o elemento para identificação ainda é o número. "Os números são divididos em três grupos, formando pares, e lidos da direita para a esquerda", segundo Valentini (2009, p. 75).

Nesse caso, é fundamental lembrar que os números são lidos da direita para esquerda. Como em nossa cultura a leitura é feita da esquerda para direita, se esse detalhe não for observado, o arquivamento será feito de forma errônea.

Esse método, como os demais, tem vantagens e desvantagens em sua implementação. O que precisamos considerar ao escolher o método de arquivo são as características dos documentos e o tamanho da massa documental que precisam ser arquivados. Com base nisso, é possível identificar qual método reúne mais vantagens para ser adotado considerando-se o contexto do arquivo da empresa.

Observe os exemplos a seguir:

> Número do dossiê: 112.132 (método numérico simples)
> Com o método numérico dígito-terminal: 11 – 21 – 32
> 32 – grupo primário ou inicial (número da gaveta)
> 21 – grupo secundário (número da guia)
> 11 – grupo terciário (número atribuído ao documento)

Para a ordenação, considera-se, primeiro, o grupo primário; em seguida, o secundário; e, por último, o terciário.

Assim, os exemplos a seguir devem ser arquivados de que forma?

> 120.221 José Miguel Santiago
> 254.199 Rosa Machado
> 714.386 Pedro Murilo Lopes

Pelo método numérico dígito-terminal, deve-se arquivar da seguinte forma:

> 120.221 José Miguel Santiago
> 714.386 Pedro Murilo Lopes
> 254.199 Rosa Machado

O arquivamento é feito desse modo considerando-se o grupo primário, conforme indica o Quadro 4.13.

Quadro 4.13 – Método de arquivamento numérico dígito-terminal

Grupo terciário	Grupo secundário	Grupo primário
12	02	21
71	43	86
25	41	99

Assim, os dossiês são arquivados na seguinte ordem, em função da ordenação numérica de seus grupos primários: 120.021 – José Miguel Santiago; 714.386 – Pedro Murilo Lopes; e 254.199 – Rosa Machado.

Se houver repetição dos números no grupo primário, será considerado, para a ordenação, o grupo secundário e, na sequência, o grupo terciário.

Entre os métodos básicos, o último que abordaremos é o **método ideográfico**, ou método por assunto, que se divide em: 1) alfabético (dicionário e enciclopédico) e 2) numérico (duplex, decimal e unitermo).

Paes (2004, p. 77) alerta para o fato de que "o método de arquivamento por assunto não é, porém, de fácil aplicação, pois depende de interpretação dos documentos sob análise, além de amplo conhecimento das atividades institucionais. No entanto, é o mais aconselhado nos casos de grandes massas documentais e variedade de assuntos".

No **método ideográfico alfabético dicionário**, os assuntos são identificados na organização por meio da análise documental. Para Valentini (2009, p. 76), "os assuntos são dispostos em rígida ordem alfabética, de forma isolada".

Vamos considerar a seguinte lista de assuntos identificados na organização, no setor de Recursos Humanos (RH): admissão de funcionários; demissão de funcionários; licença médica (maternidade etc.); atestados médicos; férias; treinamento e capacitação de pessoal; programa Menor Aprendiz. A classificação dos documentos do setor de RH, conforme o método ideográfico alfabético dicionário, ficará da seguinte forma:

Admissão de funcionários
Atestados médicos
Demissão de funcionários
Férias
Licença médica (maternidade etc.)
Programa Menor Aprendiz
Treinamento e capacitação de pessoal

Para a ordenação conforme esse método, foi considerada a ordem alfabética dos assuntos levantados e identificados no setor de RH.

No **método ideográfico alfabético enciclopédico**, os assuntos devem estar agrupados sob um título geral que os identifique, ficando evidente a relação existente entre eles. Por exemplo, no modelo anterior, os assuntos identificados estão organizados em um grupo geral, que é o RH. Considere, agora, os assuntos *comunicação* e *recursos humanos* e suas subdivisões, como segue:

> RECURSOS HUMANOS: admissão de funcionários; demissão de funcionários; licença médica (maternidade etc.); atestados médicos; férias; treinamento e capacitação de pessoal; programa Menor Aprendiz.
>
> COMUNICAÇÃO: telefonia móvel; telefonia fixa; internet.

Nesse caso, o arquivamento deve ser feito do seguinte modo:

COMUNICAÇÃO
Internet
Telefonia fixa
Telefonia móvel

RECURSOS HUMANOS
Admissão de funcionários
Atestados médicos
Demissão de funcionários
Férias
Licença médica (maternidade etc.)
Programa Menor Aprendiz
Treinamento e capacitação de pessoal

Observe que o assunto *comunicação*, na ordenação, vem antes do assunto *recursos humanos*; mesmo nas subdivisões indicadas, a ordenação seguiu a regra da alfabetação.

O **método ideográfico numérico duplex** é o "método de ordenação que tem por eixo a distribuição dos documentos em grandes classes por assunto, numeradas consecutivamente, que podem ser subdivididas em classes subordinadas mediante o uso de números justapostos com traços de união" (Arquivo Nacional, 2005, p. 117).

Para que você entenda esse método, usaremos o mesmo exemplo do modelo anterior, fazendo as devidas alterações. Assim, você conseguirá perceber a diferença entre o método ideográfico numérico duplex e o apresentado anteriormente: apenas a inclusão de uma notação numérica.

RECURSOS HUMANOS: admissão de funcionários; demissão de funcionários; licença médica (maternidade etc.); atestados médicos; férias; treinamento e capacitação de pessoal; programa Menor Aprendiz.

COMUNICAÇÃO: telefonia móvel; telefonia fixa; internet.

O arquivamento conforme o método ideográfico numérico duplex fica da seguinte forma:

0	Administração geral
1	Comunicação
1-1	Internet
1-2	Telefonia fixa
1-3	Telefonia móvel
1-3-1	Claro
1-3-2	Tim
1-3-3	Oi

1-3-4	Vivo
2	Recursos humanos
2-1	Admissão de funcionários
2-2	Atestados médicos
2-3	Demissão de funcionários
2-4	Férias
2-5	Licença médica (maternidade etc.)
2-6	Programa Menor Aprendiz
2-7	Treinamento e capacitação de pessoal

Na classe *comunicação*, subclasse *telefonia móvel*, são apresentadas novas subclasses para que você perceba a possibilidade ilimitada de abertura delas.

O **método ideográfico numérico decimal** baseia-se no sistema decimal criado por Melvil Dewey, o mesmo sistema utilizado na biblioteconomia. Segundo Paes (2004, p. 85), "esta classificação divide o saber humano em nove classes principais e uma décima reservada para os assuntos [...] gerais [...] cada classe é dividida da mesma forma em subclasses e uma décima para generalidades e assim sucessivamente [...]".

Inicialmente, pode parecer que esse método é similar ao método anterior, mas não é. A estrutura da notação numérica é diferente, como você verá. Primeiro, ele se baseia no sistema Dewey, mas, como foi criado para o uso na biblioteconomia, para o uso em arquivo, sua estrutura precisa ser adaptada, ou seja, caberá ao responsável pelo arquivo identificar e determinar as nove classes principais, em seguida, as dez subclasses e, finalmente, as divisões, os grupos, os subgrupos etc.

Essa tarefa não é nada fácil. Exige um estudo cuidadoso da organização e dos documentos gerados por ela. Veja o exemplo a seguir.

000	Administração geral
100	Comunicação
110	Internet
120	Telefonia fixa
130	Telefonia móvel
131	Claro
132	Tim
133	Oi
134	Vivo
200	Recursos humanos
210	Admissão de funcionários
220	Atestados médicos
230	Demissão de funcionários
240	Férias
250	Licença médica (maternidade etc.)
260	Programa Menor Aprendiz
270	Treinamento e capacitação de pessoal
300	Financeiro
400	Marketing
500	Produção

Observe que os assuntos foram transformados em classes. As classes podem ser numeradas de 000 a 900 e subdivididas de 10 em 10: 210, 220, 230 até 990.

Essas subdivisões podem, novamente, ser subdivididas em 131, 132 até 139, por exemplo. É possível concluir que há uma limitação para que a ocorrência das subdivisões, ao contrário do que ocorre no método ideográfico numérico duplex.

O **método ideográfico numérico unitermo**, ou indexação coordenada, segundo Valentini (2009, p. 78), baseia-se na analogia. Pouco utilizado, ele é recomendado apenas para arquivos especiais e especializados, como o de documentos em suporte diferente do papel, encontrados no acervo de museus (objetos com formatos diversos, como no exemplo do Museu do Perfume, mencionado anteriormente).

Para Paes (2004, p. 89), esse método

> consiste em se atribuir a cada documento, ou grupo de documentos, um número em ordem crescente, de acordo com a sua entrada no arquivo. Esse número, denominado de número de registro, controlado através de livro próprio, deve ser assinalado no documento, em lugar visível e previamente determinado.

Uma vez numerado o documento, o próximo passo é proceder à sua análise para a elaboração da ficha-índice. Na ficha-índice devem constar todas as informações detalhadas que permitirão a localização do documento posteriormente, em especial as palavras-chave (descritores).

Cada palavra-chave, ou descritor, vai gerar uma ficha, com dez colunas, numeradas de 0 a 9. Na ficha, devem ser colocados os números de registro correspondentes às palavras-chave.

Quadro 4.14 – Ficha-índice

Tese de doutorado em Educação	N° 010/2021
Resumo: Tese de doutorado em Educação defendida em 28 de janeiro de 2018, na Pontifícia Universidade Católica do Paraná, no Estado do Paraná, auditório do 1° andar, na Escola de Educação e Humanidades.	Palavras-chave: Educação profissional e tecnológica; **Políticas educativas**; Políticas de avaliação da educação básica; **Formação de professores**; Educação profissional técnica de nível médio; Educação básica.

A ficha-índice de todas as palavras-chave do documento deve conter todos os elementos para facilitar a pesquisa posterior, como nomes, assuntos, fatos ou acontecimentos, datas, lugares etc.

Considerando-se o exemplo do Quadro 4.14, a ficha da palavra-chave *Políticas educativas* deve conter a informação referente ao nível de ensino e ao período das políticas educativas. Assim, a seguir, a coluna 4 trata do nível de ensino, e a coluna 8, do período das políticas educativas.

Políticas educativas

0	1	2	3	4	5	6	7	8	9
0231	1244	2691	1597	**3455**	2524	4149	2020	**0961**	2006

Formação de professores

0	1	2	3	4	5	6	7	8	9
0121	7841	8451	2197	**3455**	5541	6886	3872	**0961**	1970

O mesmo exercício poderia ser feito com a palavra-chave *Formação de professores*. Na ficha dessa palavra-chave também seriam identificados o nível de ensino e o período de que trata a formação de professores que está sendo discutida no documento.

Ao consultar o arquivo, seria possível identificar que as duas palavras-chave abordam o mesmo nível de ensino e o mesmo período. Assim, haveria termos específicos comuns a elas. Aqui, consideramos apenas um documento, mas a ideia seria fazer isso com todos os documentos existentes no acervo documental.

Para o exemplo anterior, os termos específicos comuns às palavras-chave *Políticas educativas* e *Formação de professores* são os números 3455, na coluna 4, e 0961, na coluna 8.

Você já deve ter percebido que esse método não é indicado para arquivos convencionais. Como mencionamos, ele é utilizado em arquivos especiais e especializados, como museus e bibliotecas técnicas.

4.3.2 Métodos padronizados

Vejamos, a seguir, os métodos padronizados, que se dividem em: variadex, automático, soudez, mnemônico e rôneo.

O **método variadex**, que consiste em um "método de ordenação que tem por eixo as letras do alfabeto representadas por cores diferentes" (Arquivo Nacional, 2005, p. 119).

Esse método é bastante interessante, pois combina o método alfabético, já apresentado aqui, com o acréscimo de cores às letras. São adotadas cinco cores diferentes, atribuídas em função da segunda letra do nome de entrada no arquivo. Atente para esse detalhe.

Quadro 4.15 – Cores convencionadas

Letras	Cores
A, B, C, D e abreviações	Ouro ou laranja
E, F, G, H e abreviações	Rosa ou amarelo
I, J, K, L, M, N e abreviações	Verde
O, P, Q e abreviações	Azul
R, S, T, U, V, W, X, Y, Z e abreviações	Palha ou violeta

Fonte: Paes, 2004, p. 92; Valentini, 2009, p. 79.

Da forma como o método padronizado variadex foi pensado, é possível afirmar que "em cada letra do alfabeto existirão pastas nas cinco cores da chave" (Paes, 2004, p. 93).

É um arquivo amplamente utilizado, especialmente em escritórios de advocacia. De fato, a apresentação do arquivo fica muito bonita. Como combina o método alfabético com cores, há uma redução significativa nos erros de arquivamento. Essa é uma grande vantagem.

A desvantagem é que um leigo no assunto dificilmente conseguirá localizar ou mesmo arquivar qualquer documento. Em razão disso, é recomendável que haja pessoas responsáveis pelo manuseio dos documentos no arquivo.

Ainda assim, não é recomendado que o volume do acervo seja muito grande. Caso seja, o método alfabético, ainda que combinado com cores, não é apontado como a melhor escolha.

Lembre-se de que a escolha do melhor método de arquivamento não é uma ciência exata. Não há método errado, apenas método mais ou menos adequado para as características do arquivo em questão.

Como você arquivaria os documentos a seguir utilizando o método padronizado variadex? Vale destacar que a escolha das cores é realizada com base na segunda letra para definição do arquivo, e não na primeira como é habitual nos demais métodos.

Quadro 4.16 – Exemplo de método padronizado variadex

Nomes	Entrada	Cores
M. Transportes Rodoviário	M. (abreviações)	verde
Massagens Terapêuticas	Massagens	ouro ou laranja
Joaquim Ribeiro	Ribeiro, Joaquim	verde
Ademir Souto Neto	Souto Neto, Ademir	azul

Você precisa lembrar que as regras do método básico alfabético também são utilizadas aqui. Chamamos sua atenção para o sobrenome Souto Neto, do prenome Ademir. É preciso considerar os sobrenomes que exprimem grau de parentesco.

Para o exercício proposto, os dossiês devem ser arquivados nas letras M, A, I e O, nas cores verde, ouro ou laranja, verde e azul (as fichas devem ser coloridas).

Por sua vez, o **método automático** combina letras, números e cores para arquivar nomes.

Já o **método soudex** arquiva nomes agrupando-os pela proximidade com a pronúncia e não com a escrita.

No **método mnemônico**, os documentos são codificados por meio da combinação de letras que substituem os números. As letras, nesse caso, são usadas como símbolos.

O **método rôneo** também combina letras, números e cores, como o método automático; porém, caiu em desuso, por isso é considerado obsoleto.

5 Gestão eletrônica de documentos de arquivo (GED/A)

Como já ressaltamos, a comunicação se utiliza, cada vez mais, das tecnologias de informação, portanto já não faz mais sentido manter arquivos físicos com documentos que podem ser armazenados de forma digital, sem a perda da credibilidade e da confiabilidade.

São inegáveis os avanços tecnológicos, principalmente dos computadores, que, somados às tecnologias de automação arquivística, mostraram-se extremamente eficazes no processamento de dados e no gerenciamento rápido de grandes volumes de documentos.

Com certeza, os arquivos físicos continuarão a existir, porque é necessário preservar os documentos permanentes, de valor histórico, por exemplo. Entretanto, os conceitos básicos e os fundamentos da gestão eletrônica de documentos, especificamente para arquivos e documentos digitais, vão indicar que o método de arquivamento estudado no capítulo anterior pode ser utilizado também para arquivar documentos digitais, assim como em arquivos físicos.

Vamos iniciar nossos estudos!

Ao longo do ciclo de vida dos documentos, é necessário alterar seu suporte tanto para sua manutenção como para sua preservação. Esse procedimento é conhecido como *atualização de arquivo*, ou seja, o documento original, comumente analógico, é atualizado para um sistema digital. Há duas técnicas bastante conhecidas: 1) a microfilmagem e 2) a digitalização.

A microfilmagem, segundo Santos e Reis (2011, p. 99), "é uma técnica que permite criar uma cópia do documento em gênero micrográfico (microfilme ou microficha)". Dessa forma, "o microfilme é o produto resultante do processo de reprodução por microfilmagem" (Santos; Reis, 2011, p. 99).

O Decreto n. 1.799, de 30 de janeiro de 1996 estabelece, no art. 3º, que microfilme "é o resultado do processo de reprodução em filme, de documentos, dados e imagens, por meios fotográficos ou eletrônicos, em diferentes graus de redução" (Brasil, 1996a).

A microfilmagem pode ser utilizada como estratégia de diferentes formas. A microfilmagem de substituição é empregada quando o objetivo é a eliminação futura de documentos. Normalmente, esse procedimento é realizado nos arquivos correntes e intermediários. Já a microfilmagem de preservação é usada quando o objetivo é a preservação, isto é, para evitar o eventual desgaste causado no documento em decorrência de consultas sucessivas. Esse procedimento é efetuado apenas nos documentos classificados como arquivos permanentes. Há ainda a microfilmagem de segurança, utilizada para garantir uma cópia de segurança. Esta é armazenada em local distante daquele onde o arquivo foi criado (Santos; Reis, 2011, p. 100).

Na microfilmagem, ainda segundo Santos e Reis (2011, p. 101, grifo do original), são utilizados

> rolos de filmes constituídos por **sais de prata**, uma espécie de material químico destinado a prolongar o tempo de vida útil dos microfilmes. Esse tipo de filme, de acordo com pesquisas científicas, possui uma expectativa de vida útil de até 500 (quinhentos) anos, se for conservado em condições adequadas de armazenamento (20 °C e 40% UR – umidade relativa).

Os objetivos da microfilmagem são, basicamente, a redução do volume documental e a garantia da durabilidade, uma vez que a expectativa de vida útil é de até 500 anos.

Há muitas vantagens nesse procedimento, como a validade legal (Lei n. 5.433/1968 e Decreto n. 1.799/1996); a economia de espaço, em razão da significativa redução do volume de documentos, o que gera uma economia de custo na manutenção dos locais em questão (aluguéis, IPTU e taxas diversas); a segurança, em virtude da reprodução fiel do documento microfilmado e da recomendação de armazenamento dos microfilmes de segurança em lugar diferente do local de criação; a preservação longa, em decorrência da durabilidade do suporte. Apesar dessas vantagens, o alto custo é um inconveniente, como apontam Santos e Reis (2011), Valentini (2009) e Paes (2004).

A digitalização, segundo Santos e Reis (2011, p. 99), consiste em um "processo de conversão de um documento para o formato digital por meio de dispositivo apropriado, como um *scanner*". A digitalização exigirá a gestão informatizada, originando o gerenciamento eletrônico de documentos, ou gestão eletrônica de documentos (GED), e, para a área de arquivística, a gestão eletrônica de documentos de arquivo (GED/A).

Como explica Innarelli (2007, p. 26), os documentos gerados pela digitalização "têm como base três elementos: o *hardware*, o *software* e a informação armazenada em um suporte [...]".

Todo documento digital é composto de *hardware* (físico), que é o equipamento necessário para acessar o documento digital (computador, *tablet* etc.). Além disso, há o *software* (lógico), que é a ferramenta (editor de texto, aplicativo etc.) usada para criar, gerenciar e acessar o documento digital.

A informação, com o seu suporte, e os *bits* compõem o documento digital. Veja a estrutura do documento digital na Figura 5.1.

Figura 5.1 – Estrutura do documento digital

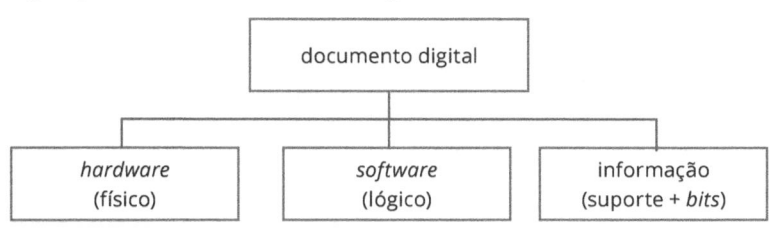

```
                    documento digital
          ┌──────────────┼──────────────┐
      hardware        software       informação
      (físico)        (lógico)      (suporte + bits)
```

Fonte: Innarelli, 2007, p. 26.

Thomaz e Santos (2003, p. 1) apontam os seguintes termos para a área de gestão eletrônica de documentos: *electronic records management* (gestão eletrônica de documentos de arquivo ou simplesmente GED/A) e *electronic recordkeeping* (manutenção de documentos eletrônicos de arquivo).

Na Figura 5.2, apresentamos a linha do tempo da microfilmagem e da digitalização dos documentos.

Figura 5.2 – Linha do tempo da microfilmagem à gestão eletrônica de documentos (GED)

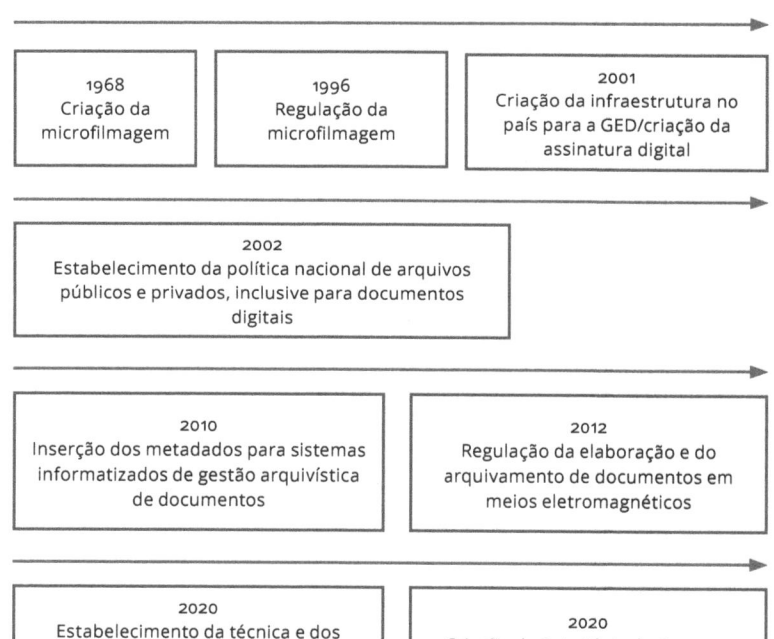

1968 Criação da microfilmagem	1996 Regulação da microfilmagem	2001 Criação da infraestrutura no país para a GED/criação da assinatura digital

2002 Estabelecimento da política nacional de arquivos públicos e privados, inclusive para documentos digitais

2010 Inserção dos metadados para sistemas informatizados de gestão arquivística de documentos	2012 Regulação da elaboração e do arquivamento de documentos em meios eletromagnéticos

2020 Estabelecimento da técnica e dos requisitos para a digitalização de documentos públicos ou privados, a fim de que os documentos digitalizados produzam os mesmos efeitos legais dos documentos originais	2020 Criação da Estratégia de Governo Digital para o período de 2020 a 2022, no âmbito dos órgãos e das entidades da administração pública federal direta, autárquica e fundacional

Fonte: Elaborado com base em Brasil, 1968, 1996a, 2001, 2002a, 2010, 2012b, 2020a, 2020b.

De 1968 ao final da década de 1990, a microfilmagem reinava absoluta; entretanto, o aparato informacional cresceu muito desde a década de 1990 até a atualidade, permitindo a criação da GED. Portanto, ela é a consequência do surgimento de soluções automatizadas para o gerenciamento de documentos.

Como esclarecem Thomaz e Santos[1] (2003, p. 3), a GED faz uso de "técnicas automatizadas para gerenciar documentos de arquivo, independentemente de seu formato; termo mais abrangente para se referir ao gerenciamento, por meios eletrônicos, de documentos em formatos variados, sejam eles eletrônicos, papel, microforma etc.".

De acordo com Santos e Reis (2011, p. 111), as principais tecnologias de automação arquivística são:

a) DM – *document management*, ou gerenciamento de documentos digitais: os documentos digitais são gerenciados para permitir o acesso a eles, buscando-se, assim, mais segurança. O acesso é disponibilizado por meio de localizadores lógicos, como a indexação.

b) DI – *document imaging*, ou gerenciamento de imagens de documentos: trata-se de tecnologia que possibilita os processos de consulta, processamento e distribuição de documentos.

Para o gerenciamento de imagens de documentos, utilizam-se programas específicos e empregam-se equipamentos para arquivar, armazenar, captar, visualizar, distribuir e imprimir essas imagens. Dessa forma, o DI converte documentos em papel ou microfilme em mídia digital. A digitalização é feita por *scanners*.

Como explica Valentini (2009, p. 112), "as imagens digitais dos documentos digitalizados são indexadas, através de descritores

---

1 Conforme proposta apresentada pelo National Archives and Records Administration (NARA) em 1991.

e metadados[2], e arquivadas eletronicamente no sistema de GED, tornando-se acessíveis para os usuários".

Há diversas vantagens na utilização do gerenciamento de documentos digitais e de imagens de documentos, como a redução significativa do volume físico dos documentos e do espaço para sua armazenagem, a ampliação de sua disponibilidade e a maior acessibilidade. Com relação à redução e à armazenagem dos documentos, com as tecnologias disponíveis atualmente, pode-se imaginar uma biblioteca de livros digitais armazenada em um *pen drive*, um HD externo, um cartão de memória ou ainda em nuvem.

Com o avanço da tecnologia digital, é possível compactar mensagens em qualquer código, como sons, imagens e dados, criando-se uma rede que se comunica por meio de diferentes símbolos (Mariz, 2012, p. 29).

Já com relação à disponibilidade, dependendo do suporte utilizado, duas ou mais pessoas podem consultar o mesmo documento ao mesmo tempo. Além disso, como a acessibilidade pode ser feita por meio de senha, há um controle maior sobre quem acessa os documentos. Sem dúvida, tudo isso só é possível graças ao grande desenvolvimento das tecnologias de informação e comunicação (TICs).

Como esclarecem Schäfer e Flores (2013, p. 3),

> a digitalização de documentos cumpre com duas finalidades principais: acesso à informação, por meio da consulta ao representante digital, e preservação do suporte físico, uma vez que o acesso e recuperação das informações se deterão no objeto digital. Entretanto, com a intensificação do emprego da captura digital, principalmente

---

2   Metadados são "dados estruturados e codificados, que descrevem e permitem acessar, gerenciar, compreender dados e/ou preservar outros dados ao longo do tempo" (Arquivo Nacional, 2005, p. 116).

voltado aos documentos arquivísticos ainda em trâmite, levantou-se a proposta do uso desses objetos digitais com o mesmo valor e efeitos legais dos respectivos originais (em meio físico).

Para garantir que os documentos digitalizados produzam o mesmo efeito legal dos documentos originais, o Decreto n. 10.278, de 18 de março de 2020, estabelece as técnicas e os requisitos a serem observados para a digitalização dos documentos públicos ou privados. Conforme esse decreto,

> Art. 4º Os procedimentos e as tecnologias utilizados na digitalização de documentos físicos devem assegurar:
>
> I – a integridade e a confiabilidade do documento digitalizado;
>
> II – a rastreabilidade e a auditabilidade dos procedimentos empregados;
>
> III – o emprego dos padrões técnicos de digitalização para garantir a qualidade da imagem, da legibilidade e do uso do documento digitalizado;
>
> IV – a confidencialidade, quando aplicável;
>
> V – a interoperabilidade entre sistemas informatizados. (Brasil, 2020a)

Para os documentos terem o mesmo valor jurídico de um documento físico, ainda é necessário cumprir as seguintes exigências:

> Art. 5º O documento digitalizado destinado a se equiparar a documento físico para todos os efeitos legais e para a comprovação de qualquer ato perante pessoa jurídica de direito público interno deverá:
>
> I – ser assinado digitalmente com certificação digital no padrão da Infraestrutura de Chaves Públicas Brasileira – ICP-Brasil, de modo a garantir a autoria da digitalização e a integridade do documento e de seus metadados;

II – seguir os padrões técnicos mínimos previstos no Anexo I; e

III – conter, no mínimo, os metadados especificados no Anexo II.
(Brasil, 2020a)

Para além disso, o governo federal estabeleceu como meta "transformar todas as etapas e os serviços públicos digitalizáveis, até 2022" (Brasil, 2020b, Anexo).

Existem ainda outras tecnologias relacionadas à GED, como indica Parreiras (2022):

» *Optical Character Recognition* (OCR): viabiliza as aplicações de processamento de formulários (*forms processing*), com o uso de sistemas digitais para a obtenção das informações.
» *Workflow*: substitui o processo humano de trâmite de documentos em papel por imagens de documentos. Essa tecnologia controla a localização, a atualização e suas versões, bem como gerencia a tabela de temporalidade, informando o tempo de guarda dos documentos.
» *Computer Output to Laser Disk* (COLD): criada para substituir a tecnologia *Computer Output to Microfilm* (COM), permite o armazenamento e o gerenciamento de relatórios de forma digital. Em razão de sua complexidade e abrangência, a tecnologia COLD passou ser denominada *Enterprise Report Management*[3] (ERM).

Além dessas três tecnologias, Valentini (2009, p. 113) aponta a *Records and Information Management* (RIM), que nada mais é do que o gerenciamento do ciclo de vida do documento de forma digital, com o uso de *software*. Nesse caso, acompanham-se as fases de criação, armazenamento, processamento, manutenção, disponibilização e descarte (tabela de temporalidade).

....
3   Em tradução livre, "gestão de relatórios empresariais".

5.1 Fundamentos legais da GED/A

Os fundamentos legais da GED/A estão descritos no Quadro 5.1 para que você possa aprofundar seu conhecimento sobre a legislação relativa ao tema.

Quadro 5.1 – Fundamentos legais da GED/A

Documento	Descrição
Portaria n. 272, de 9 de novembro de 2020, do Arquivo Nacional	Aprova planos de destinação de documentos pelo Arquivo Nacional (Brasil, 2020d).
Decreto n. 10.332, de 28 de abril de 2020	Estabelece a Estratégia de Governo Digital para o período de 2020 a 2022, no âmbito dos órgãos e das entidades da administração pública federal direta, autárquica e fundacional (Brasil, 2020b).
Decreto n. 10.278, de 18 de março de 2020	Estabelece a técnica e os requisitos para a digitalização de documentos públicos ou privados, a fim de que os documentos digitalizados produzam os mesmos efeitos legais dos documentos originais (Brasil, 2020a).
Lei n. 13.874, de 20 de setembro de 2019, art. 3, X	"São direitos de toda pessoa, natural ou jurídica, essenciais para o desenvolvimento e o crescimento econômicos do País, observado o disposto no parágrafo único do art. 170 da Constituição Federal: [...] X – arquivar qualquer documento por meio de microfilme ou por meio digital, conforme técnica e requisitos estabelecidos em regulamento, hipótese em que se equiparará a documento físico para todos os efeitos legais e para a comprovação de qualquer ato de direito público" (Brasil, 2019c).

(continua)

(Quadro 5.1 - continuação)

Documento	Descrição
Lei n. 13.853, de 8 de julho de 2019	Trata da proteção de dados pessoais e cria a Autoridade Nacional de Proteção de Dados (Brasil, 2019b).
Decreto n. 8.777, de 11 de maio de 2016	Trata da política de dados abertos do Poder Executivo federal (Brasil, 2016).
Decreto n 8.539, de 8 de outubro de 2015	Trata do uso do meio eletrônico para a realização do processo administrativo no âmbito dos órgãos e das entidades da administração pública federal direta, autárquica e fundacional (Brasil, 2015).
Resolução n. 40[4], de 9 de dezembro de 2014, do Conselho Nacional de Arquivos (Conarq)	Trata dos procedimentos para a eliminação de documentos do Sistema Nacional de Arquivos (Sinar). Estabelece que os documentos (digitais ou não) de órgãos e entidades integrantes do Sinar só poderão ser eliminados após processo de avaliação e seleção conduzido pelas Comissões Permanentes de Avaliação de Documentos – CPAD (Brasil, 2014b).
Resolução n. 39, de 29 de abril de 2014, do Conarq	Trata da implementação de repositórios arquivísticos digitais confiáveis para o arquivamento e manutenção de documentos arquivísticos digitais em suas fases corrente, intermediária e permanente, dos órgãos e entidades integrantes do Sinar (2014a).
Resolução n. 36, de 19 de dezembro de 2012, do Conarq	Apresenta as diretrizes para a gestão arquivística do correio eletrônico corporativo pelos órgãos e entidades integrantes do Sinar (Brasil, 2012c).
Lei n. 12.682, de 9 de julho de 2012	Trata da elaboração e do arquivamento de documentos em meios eletromagnéticos (Brasil, 2012b).

---

4   Essa resolução já foi apresentada no Capítulo 4, ao tratarmos dos fundamentos legais da gestão de documentos. Consta novamente aqui para compor também a base legal da GED/A.

(Quadro 5.1 – continuação)

Documento	Descrição
Lei n. 12.527, de 18 de novembro de 2011, art. 8º, § 3º, II	"Os sítios de que trata o § 2º deverão, na forma de regulamento, atender, entre outros, aos seguintes requisitos: [...] II – possibilitar a gravação de relatórios em diversos formatos eletrônicos, inclusive abertos e não proprietários, tais como planilhas e texto, de modo a facilitar a análise das informações" (Brasil, 2011, art. 8º, § 3º, II).
Lei n. 12.527, de 18 de novembro de 2011, art. 11, § 5º	"A informação armazenada em formato digital será fornecida nesse formato, caso haja anuência do requerente" (Brasil, 2011, art. 11, § 5º).
Lei n. 12.527, de 18 de novembro de 2011, art. 11, § 6º	"Caso a informação solicitada esteja disponível ao público em formato impresso, eletrônico ou em qualquer outro meio de acesso universal, serão informados ao requerente, por escrito, o lugar e a forma pela qual se poderá consultar, obter ou reproduzir a referida informação, procedimento esse que desonerará o órgão ou entidade pública da obrigação de seu fornecimento direto, salvo se o requerente declarar não dispor de meios para realizar por si mesmo tais procedimentos" (Brasil, 2011, art. 11, § 6º).
Resolução n. 32, de 17 de maio de 2010, do Conarq	Autoriza a inserção dos metadados para Sistemas Informatizados de Gestão Arquivística de Documentos – e-ARQ Brasil (Brasil, 2010).
Resolução n. 25, de 27 de abril de 2007, do Conarq	Adota o Modelo de Requisitos para Sistemas Informatizados de Gestão Arquivística de Documentos – e-ARQ Brasil pelos órgãos e entidades integrantes do Sinar (Brasil, 2007).
Resolução n. 20, de 16 de julho de 2004, do Conarq	Trata da inserção dos documentos digitais em programas de gestão arquivística de documentos dos órgãos e entidades integrantes do Sinar (Brasil, 2004).

(Quadro 5.1 – conclusão)

Documento	Descrição
Decreto n. 4.073, de 3 de janeiro de 2002, art. 29	Regulamenta a Lei n. 8.159/1991, que dispõe sobre a política nacional de arquivos públicos e privados e também se aplica aos documentos eletrônicos (Brasil, 2002a).
Medida Provisória n. 2.200-2, de 24 de agosto de 2001	Cria a assinatura digital, institui a Infraestrutura de Chaves Públicas Brasileira – ICP-Brasil e transforma o Instituto Nacional de Tecnologia da Informação em autarquia (Brasil, 2001).
Decreto n. 1.799, de 30 de janeiro de 1996	Regula a microfilmagem de documentos oficiais (Brasil, 1996a).
Lei n. 5.433, de 8 de maio de 1968	Estabelece a microfilmagem de documentos oficiais (Brasil, 1968).

A legislação possibilita recontar a história da evolução arquivística no país, desde o início da gestão de documentos e da conservação dos documentos físicos por meio do uso da microfilmagem, em 1968. Depois, destacam-se transformações como a criação da infraestrutura necessária, com a fundação de órgãos responsáveis pelo setor, e a implementação dos documentos digitais. Tomando-se como referência o ano de 2020, ano do último decreto relacionado à área, passaram-se apenas 52 anos. Sem dúvida, uma grande evolução para a arquivologia.

Com os documentos digitais, foi necessário estabelecer procedimentos técnicos específicos para garantir sua credibilidade e fidedignidade. Graças aos avanços tecnológicos, tudo isso é possível, e a legislação pôde validar essas transformações.

5.2 Preservação e conservação[5] documental

Para Santos (2012, p. 118), a preservação dos documentos se inicia antes de sua criação. O autor explica que é necessário planejar o documento em relação às tecnologias de informação e comunicação envolvidas, bem como os procedimentos necessários à conformidade legal e normativa institucional. Também é preciso decidir por quais sistemas informatizados o documento será gerenciado.

Santos (2012, p. 119) afirma ainda que não é possível discutir preservação sem falar de gestão documental arquivística e das principais ferramentas da gestão documental arquivística: o plano de classificação e a tabela de temporalidade documental.

> Esses instrumentos sistematizam o entendimento institucional sobre seus objetivos, funções, atividades, fluxos de trabalho e suas relações com fornecedores, clientes etc., vinculando-os aos documentos gerados em cada ação específica e na totalidade das ações realizadas pela instituição na consecução de seus objetivos. (Santos, 2012, p. 119)

O plano de classificação e a tabela de temporalidade documental precisam ser considerados na organização intelectual e física do acervo, assim como devem ser utilizados para orientar o planejamento de preservação e gestão de risco da empresa. Dessa forma, apenas os documentos digitais relevantes para a empresa demandariam ações de prevenção contra a obsolescência tecnológica (Santos, 2012, p. 119).

---

5   Conforme o *Dicionário brasileiro de terminologia arquivística* (Arquivo Nacional, 2005, p. 53), *conservação* significa "promoção da preservação e da restauração de documentos".

Innarelli (2007, p. 39) propôs as seguintes ações para a preservação digital:

1. Manterás uma política de preservação
2. Não dependerás de hardware específico
3. Não dependerás de software específico
4. Não confiarás em sistemas gerenciadores como única forma de acesso ao documento digital
5. Migrarás seus documentos de suporte e formato periodicamente
6. Replicarás os documentos em locais fisicamente separados
7. Não confiarás cegamente no suporte de armazenamento
8. Não deixarás de fazer backup e cópia de segurança
9. Não preservarás lixo digital
10. Garantirás a autenticidade dos documentos digitais

Para Santos (2012, p. 120), isso significa

> buscar independência de software e hardware, realizar migrações de mídia e formatos, realizar backups e duplicação de dados, eliminar informações inúteis, preservar a autenticidade e, mais importante, tudo isso deve estar contemplado por uma política geral de preservação que envolve mais que tecnologia e não se restringe a uma única ação de preservação.

Baggio e Flores (2013, p. 15) apontam outras medidas para a preservação de documentos digitais:

> são necessárias ações como a preservação tecnológica, a migração, a emulação, o encapsulamento, a adoção de padrões e protocolos, a adoção de política de gestão documental e tecnológica, o controle público de legitimidade, além de uma política pública que inclua pesquisa científica, assim como ações de arquivos, em todos os níveis.

Innarelli (2007) e Baggio e Flores (2013) concordam com a importância da migração, pois, por meio da transferência para novos formatos, os documentos poderão ser preservados e sua recuperação será possível.

Para esses autores, a política de gestão documental deve contemplar a política tecnológica para: *hardware*, *software*, sistemas de gerenciadores, *backup* e cópias de segurança, suporte de armazenamento (inclusive para armazenar as cópias de segurança em lugar distinto do local de criação do documento), eliminação de documentos desnecessários para evitar o lixo digital e garantia de autenticidade dos documentos digitais (Innarelli, 2007; Baggio; Flores, 2013).

Innarelli (2007) e Baggio e Flores (2013) discordam, entretanto, com relação ao *hardware* e ao *software*. Innarelli (2007) recomenda a não dependência de *hardware* e *software* específicos. Já Baggio e Flores (2013) sugerem a conservação de *hardware* e *software* para assegurar o acesso aos documentos digitais.

Como autores diferentes podem sugerir técnicas opostas para assegurar o mesmo resultado? Isso acontece porque não existe apenas uma técnica para garantir a preservação digital. Há várias técnicas e ferramentas que podem ser adotadas de forma combinada, de modo a maximizar os resultados. O importante é analisar as vantagens e as desvantagens de cada uma e sua adequação ao acervo documental digital institucional.

Quadro 5.2 – Técnicas e ferramentas de preservação digital

Técnica	Descrição
Migração/ conversão	Consiste na "transferência periódica de material digital de uma dada configuração de *hardware/ software* para uma outra, ou de uma geração de tecnologia para outra subsequente" (Ferreira, 2006, p. 36).

(continua)

(Quadro 5.2 - continuação)

Técnica	Descrição
Encapsulamento	Busca manter "os objectos digitais inalterados até ao momento em que se tornam efectivamente necessários. A estratégia de encapsulamento consiste em preservar, juntamente com o objecto digital, toda a informação necessária e suficiente para permitir o futuro desenvolvimento de conversores, visualizadores ou emuladores" (Ferreira, 2006, p. 43).
Emulação	Trata-se da "utilização de um *software*, designado emulador, capaz de reproduzir o comportamento de uma plataforma de *hardware* e/ou *software*, numa outra que à partida seria incompatível" (Ferreira, 2006, p. 33).
Conservação de *hardware* e *software*	Essa estratégia é considerada "a única forma suficientemente eficaz para assegurar que os objetos digitais são experimentados de forma fidedigna" (Baggio; Flores, 2013, p. 17).
Reprografia	"A tecnologia da digitalização é a mais flexível ferramenta de arquivamento, preservação e acesso a documentos por meio do armazenamento de suas imagens em formato digital. [...] Funciona com *softwares* e *hardwares* específicos e usa as mídias ópticas, em geral, para armazenamento" (Baggio; Flores, 2013, p. 18).
Refrescamento	"Consiste na transferência de informação de um suporte físico de armazenamento para outro mais actual antes que o primeiro se deteriore ou se torne irremediavelmente obsoleto" (Ferreira, 2006, p. 33).
Atualização de versões	"Consiste em actualizar os materiais digitais produzidos por um determinado *software* recorrendo a uma versão mais actual do mesmo (Ferreira, 2006, p. 38).

(Quadro 5.2 – continuação)

Técnica	Descrição
Conversão para formatos concorrentes	"independentemente do sucesso econômico de um fabricante ou produto de *software*, os formatos estão constantemente sujeitos a descontinuidade. Uma forma de garantir que os objectos digitais sobrevivem a este tipo de rupturas tecnológicas consiste em convertê--los para formatos de uma linha de produtos concorrente" (Ferreira, 2006, p. 38).
Normalização	Busca "simplificar o processo de preservação através da redução do número de formatos distintos que se encontram no repositório de objectos digitais. [...] A escolha do formato de normalização é um factor determinante no sucesso desta estratégia. Sempre que possível, deverão ser escolhidos formatos conhecidos pela comunidade de interesse e baseados em normas internacionais abertas" (Ferreira, 2006, p. 38-39).
Migração a pedido	Para evitar o fenômeno da degradação[6], "neste tipo de migração, ao invés de as conversões serem aplicadas ao objeto mais actual, estas são sempre aplicadas ao objeto original" (Ferreira, 2006, p. 40).
Migração distribuída	"Neste tipo de migração, existe um conjunto de serviços de conversão que se encontram acessíveis através da Internet e que poderão ser invocados remotamente [...]" (Ferreira, 2006, p. 41).

---

6 Para Ferrreira (2006, p. 40), trata-se de "Degradação do objecto digital ao longo de sucessivas migrações".

(Quadro 5.2 - conclusão)

Técnica	Descrição
A Pedra de Rosetta digital	Trata-se de estratégia semelhante à utilizada pelo paleógrafo francês Jean-François Champollion, que descodificou a versão egípcia do texto contido na Pedra de Rosetta. Nessa estratégia, "em vez de se preservar as regras que permitem descodificar o objecto digital, são reunidas amostras de objectos que sejam representativas do formato que se pretende recuperar" (Ferreira, 2006, p. 44). "Um exemplo de aplicação dessa estratégia consiste em imprimir em papel um conjunto representativo de documentos de texto juntamente com a sua representação binária. [...] Essa estratégia deverá ser considerada apenas quando todos os esforços de preservação falharam. Trata-se sobretudo de uma ferramenta de arqueologia digital" (Ferreira, 2006, p. 45).

Fonte: Elaborado com base em Baggio; Flores, 2013; Ferreira, 2006.

A Câmara Técnica de Documentos Eletrônicos (CTDE) do Conselho Nacional de Arquivos (Conarq) corrobora as técnicas e ferramentas de preservação digital apresentadas no Quadro 5.2 ao elaborar o Modelo de Requisitos para Sistemas Informatizados de Gestão Arquivística de Documentos (e-ARQ).

Esse documento "é uma especificação de requisitos a serem cumpridos pela organização produtora/recebedora de documentos, pelo sistema de gestão arquivística e pelos próprios documentos, a fim de garantir sua confiabilidade e sua autenticidade, assim como sua acessibilidade" (Conarq, 2020, p. 15). Ele auxilia ainda na identificação de documentos arquivísticos digitais.

O e-ARQ Brasil apresenta as normas e outras orientações de referência, a saber:

a) Sobre especificação de requisitos funcionais de segurança:

ISO/IEC 15408-1/2/3:2005 – Evaluation criteria for IT security

b) Sobre gestão de documentos:

AS ISO 15489.1:2002 – Australian standard records management. Part 1: general, 2002

AS ISO 15489-2:2002 – Australian standard records management. Part 2: guidelines, 2002

c) Sobre preservação:

ISO 14721:2012 – Reference model for an open archival information system (OAIS), 2012.

d) Sobre metadados:

ISO 23081-1:2006 – Information and documentation – Records management processes – Metadata for records – Part 1: Principles, 2006

ISO 15836:2003 – Information and documentation – the Dublin Core metadata element. 2003. (Conarq, 2020, p. 18)

Além da norma ISO 14721:2012[7] (ISO, 2012), adota também as normas da Associação Brasileira de Normas Técnicas (ABNT) e diretrizes internacionais para orientar empresas públicas e privadas na gestão e preservação de documentos digitais.

....
7   A ISO 14721:2012, da International Organization for Standardization – ISO (Organização Internacional de Normalização), estabelece um modelo de referência para um sistema de arquivística aberto (em inglês, *open archival information system*; entretanto, o termo *open* (aberto) da sigla não significa que o acesso ao arquivo seja irrestrito (ISO, 2012).

5.3 Seleção de fornecedores de tecnologias para a GED/A

A produção de documentos digitais resultou na criação de sistemas informatizados de gerenciamento específicos. De fato, é inegável a necessidade de um sistema informatizado que apoia a gestão arquivística de documentos (Sigad).

Para o Conarq (2020, p. 26), o Sigad deve ser capaz de

> gerenciar, simultaneamente, os documentos digitais e os não digitais. No caso dos documentos não digitais, o sistema registra apenas as referências sobre os documentos e, para os documentos digitais, a captura, o armazenamento e o acesso são feitos por meio do SIGAD. Deve-se também considerar os documentos híbridos, compostos por partes digitais e não digitais, gerenciando cada uma dessas partes adequadamente.

Além disso, o Sigad[8] "visa o controle do ciclo de vida dos documentos, desde a produção até a destinação final, seguindo os princípios da gestão arquivística de documentos" (Conarq, 2020, p. 27).

O Conarq (2020, p. 28) alerta ainda para o fato de que "um Sigad se diferencia de sistemas de Gerenciamento Eletrônico de Documentos (GED) e de *Enterprise Content Management* (ECM), que também realizam gerenciamento de documentos, mas não necessariamente com abordagem arquivística".

Se o que se busca é a gestão de documentos com a abordagem arquivística, é necessário contar com um Sigad e não com

---

8   Entendemos que o Sigad e a GED/A têm o mesmo objetivo, que é gerir eletronicamente os documentos de arquivos, ou seja, são voltados especificamente para documentos arquivísticos. Neste contexto exclusivamente, serão considerados termos sinônimos para efeito didático.

um GED ou ECM. Por isso, atualmente, a sigla mais utilizada em GED é GED/A, justamente para enfatizar que se trata da **gestão eletrônica de documentos de arquivo**, isto é, uma gestão eletrônica de documentos específica para a área arquivística.

Quadro 5.3 – Conceitos de Sigad, GED e ECM

Sigad	GED	ECM
"É um sistema informatizado de gestão arquivística de documentos e, como tal, sua concepção tem que se dar a partir da implementação de uma política arquivística no órgão ou entidade" (Conarq, 2020, p. 29).	"Conjunto de tecnologias utilizadas para organização da informação não estruturada de um órgão ou entidade, que pode ser dividido nas seguintes funcionalidades: captura, gerenciamento, armazenamento e distribuição" (Conarq, 2020, p. 28).	"Termo amplo para tecnologia digital, estratégias e métodos utilizados para capturar, gerir, acessar, integrar, medir e armazenar informação" (Conarq, 2020, p. 28).

Fonte: Elaborado com base em Conarq, 2020, p. 28-29.

A principal diferença existente entre o Sigad, o GED e o ECM é a abordagem de cada um deles em relação aos documentos.

O Sigad parte de uma concepção orgânica, na qual admite que existe uma inter-relação entre os documentos e a instituição que os criou. Já o GED e o ECM adotam uma concepção mais fragmentada ou compartimentada, ou seja, não valorizam ou reconhecem a relação entre os documentos e a instituição que os criou. Além disso, nem sempre incorporam a seus sistemas o conceito arquivístico de ciclo de vida dos documentos (Conarq, 2020, p. 29).

Há ainda requisitos que um sistema de gerenciamento eletrônico de documentos deve seguir para ser considerado um Sigad. São eles, segundo o Conarq (2020, p. 27-28):

- » captura, armazenamento, indexação e recuperação de todos os tipos de documentos arquivísticos;
- » captura, armazenamento, indexação e recuperação de todos os componentes digitais do documento arquivístico como uma unidade complexa;
- » gestão dos documentos a partir do plano de classificação para manter a relação orgânica entre os documentos;
- » registro de metadados associados aos documentos para descrever os contextos desses mesmos documentos (jurídico-administrativo, de proveniência, de procedimentos, documental e tecnológico);
- » estabelecimento de relacionamento entre documentos digitais e não digitais;
- » manutenção da autenticidade dos documentos;
- » aplicação de tabela de temporalidade e destinação de documentos, permitindo a seleção dos documentos para eliminação ou para guarda permanente;
- » exportação de documentos para realizar a transferência ou recolhimento;
- » apoio à preservação dos documentos.

É fundamental conhecer os requisitos para um sistema ser considerado um Sigad e ainda saber a diferença entre cada um dos sistemas para selecionar os fornecedores para a GED/A da empresa. Sem esse conhecimento, todos os sistemas podem parecer similares, mas eles não são, como vimos.

Para os órgãos públicos federais, a partir da promulgação do Decreto n. 8.539, de 8 de outubro de 2015 (Brasil, 2015), foi criado o Processo Eletrônico Nacional (PEN) que abrange três grandes ações: "o Sistema Eletrônico de Informações (SEI) – desenvolvido pelo Tribunal Regional Federal da 4ª Região (TRF4) –, o barramento de integração do SEI (com outras soluções de uso do meio eletrônico) e o protocolo integrado" (Brasil, 2022b).

O SEI foi instituído por meio da Portaria n. 294, de 4 de agosto de 2020 (Brasil, 2020c), no âmbito do Ministério da Economia, mas, atualmente, ele é utilizado em vários órgãos federais, a partir da adesão dos ministérios ao PEN. Sua característica é o trâmite e o compartilhamento de documentos digitais exclusivamente (Brasil, 2022b).

Na Figura 5.3, reproduzimos a tela principal do SEI, em que vemos a relação de vários processos: uns em destaque na cor vermelha e outros com um ícone chamativo em amarelo. O uso dessas cores sinaliza que esses processos estão em trânsito, aguardando assinaturas de pessoas-chave dos setores. Os mesmos comandos indicados pelos ícones logo abaixo do título *Controle de Processos* podem ser acessados na relação apresentada no lado esquerdo da tela.

Figura 5.3 – Sistema Eletrônico de Infomações (SEI)

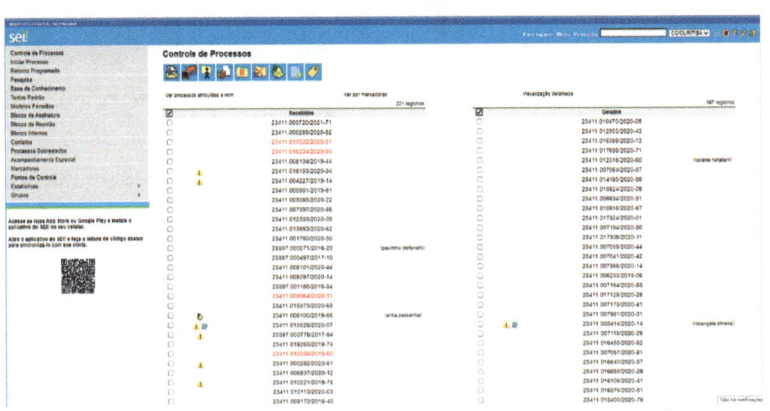

Fonte: Brasil, 2022a.

Como exemplo de sistema utilizado pelos órgãos públicos estaduais, destacamos o eProtocolo, utilizado pelo Estado do Paraná. De acordo com o Decreto Estadual n. 9.928, de 23 de janeiro de 2014 (Paraná, 2014), esse é o sistema de tramitação interno do Poder Executivo do Estado do Paraná, cujo objetivo é gerenciar as atividades de protocolo, organizar os arquivos e controlar os documentos protocolados e não protocolados, emitidos e recebidos, no âmbito dos órgãos e entidades do governo desse estado.

Figura 5.4 – eProtocolo

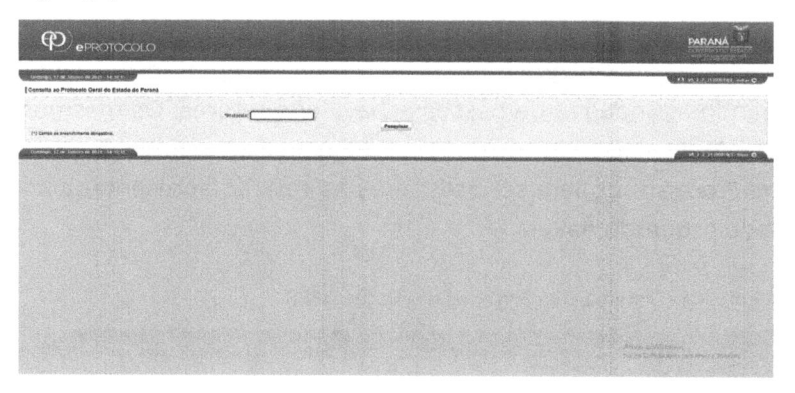

Fonte: Paraná, 2022.

Você deve estar se perguntando sobre os sistemas de gerenciamento de documentos eletrônicos de arquivos existentes no mercado para empresas privadas. Há inúmeras opções a um clique na internet. Ao buscar esses fornecedores, deve-se considerar: 1) se a empresa é idônea – para isso, é relevante fazer uma boa consulta a respeito da empresa; 2) se a solução oferecida atende aos critérios recomendados pelo e-ARQ Brasil (Conarq, 2020), a fim de evitar adquirir uma solução que, depois, vai se mostrar inadequada para as necessidades da organização;

3) se a solução oferecida vai conseguir se integrar aos demais sistemas já adotados na empresa, uma vez que essa integração é fundamental para o gerenciamento de todos os documentos digitais institucionais.

Com todos esses cuidados e com a ciência dos conteúdos apresentados aqui, é possível escolher, ou ajudar o gestor a escolher, a melhor opção de fornecedor de GED/A. Assim, os documentos arquivísticos da empresa estarão protegidos em todo o ciclo documental (corrente, intermediário e permanente), os documentos digitais ficarão preservados, conservando a história da instituição, e o mais importante, o acesso aos documentos estará assegurado.

Considerações finais

Este livro foi pensado para apresentar as técnicas de gestão de documentos da organização e, por isso, inicialmente, tivemos de abordar alguns conceitos básicos para melhor compreensão do assunto.

No primeiro capítulo, você pôde "caminhar" pela linha do tempo da evolução das sociedades até chegar aos dias atuais, em que estamos mergulhados na sociedade do conhecimento, com todas as consequências advindas disso. Para entender a diferença entre dado, informação e conhecimento, você fez uma longa escalada por uma montanha bem alta. Na base da montanha, você identificou o conceito de dados e entendeu que eles são fáceis de serem encontrados, estruturados, armazenados e acessados nas organizações.

Subindo a montanha, você constatou que as informações consistem nos dados já elaborados e processados, porque passaram por uma mediação humana. Por isso, elas têm relevância e propósito. Avançando nessa escalada, você se deparou com o conceito de conhecimento, que, para se constituir como tal, exige reflexão e análise para uma nova elaboração, surgindo desse processo algo criativo e inovador.

Essas etapas para escalar uma montanha também refletem a dificuldade para alcançar cada uma delas. Chegar até o topo de uma montanha não é uma tarefa fácil. Quando a escalada é iniciada, as dificuldades se apresentam, como a obtenção da informação, e torna-se ainda mais difícil atingir o topo, com o alcance do conhecimento.

Ao chegar ao topo da montanha, o indivíduo ou a organização passa a ter uma visão estratégica e diferente da cultivada pelos demais. De fato, conhecimento gera o benefício de poder enxergar o que poucos podem ver, saber o que poucos sabem, para conseguir fazer o que apenas uma reduzida parcela dos indivíduos e das empresas pode efetivamente fazer. O conhecimento é, portanto, o objetivo de toda organização ou indivíduo.

No segundo capítulo, os documentos oficiais foram o tema principal. Apresentamos a redação oficial e suas características, incluindo as mudanças recentes, por meio de uma análise comparativa entre os dois últimos manuais de redação da Presidência da República. Como um dos aspectos que mais podem gerar dúvida na produção de documentos para o Poder Público é o uso correto dos pronomes de tratamento, esse tópico também foi abordado no capítulo.

No terceiro capítulo, tratamos dos documentos empresariais, descrevendo o estilo e a linguagem dessa comunicação. Os tipos de documentos administrativos mais produzidos nas organizações foram exemplificados com o objetivo de possibilitar uma ampla visão sobre a comunicação nas organizações, de modo que você pudesse se familiarizar com cada um deles.

No quarto capítulo, apresentamos um extenso estudo sobre a gestão de documentos por meio da explicação dos conceitos de documento e documentação, diferenciando-os de suporte. Os conceitos de arquivo, arquivologia e arquivística, os princípios teórico-metodológicos da teoria arquivística e a legislação arquivística também foram abordados no capítulo. De posse desses conhecimentos, é possível escolher o método de arquivamento mais adequado para uma empresa.

No quinto e último capítulo, tratamos da gestão eletrônica de documentos de arquivo (GED/A). Enfocamos o avanço tecnológico para a atualização de arquivos, analisando o crescente espaço que os documentos digitais vêm ganhando nas empresas. Além das finalidades, das técnicas e dos requisitos relativos à digitalização dos documentos, conforme os critérios técnicos referentes ao acesso, à confiabilidade e à preservação documental, também examinamos os fundamentais legais que dão base para a gestão eletrônica de documentos. Concluímos o capítulo destacando a importância da preservação e da conservação documental, bem como das ferramentas da gestão documental arquivística.

Por fim, ressaltamos a necessidade de compreender as relações implícitas existentes entre a gestão eletrônica de documentos e as áreas de tecnologia da informação, redação documental (correspondências) e arquivologia (arquivos). Em outras palavras, para uma boa gestão eletrônica de documentos, é fundamental também conhecer essas áreas.

Um bom gestor de documentos necessita, por certo, dominar todas as áreas envolvidas na gestão eletrônica de documentos. Esperamos ter alcançado o objetivo deste livro: ajudá-lo(a) a construir essas habilidades.

Referências

ACERVO – Revista do Arquivo Nacional. **História da arquivologia no Brasil**: instituições, atores e dinâmica social. Rio de Janeiro: Arquivo Nacional, v. 34, n. 1, jan./abr. 2021. Dossiê temático. Disponível em: <https://revista.an.gov.br//index.php/revistaacervo/issue/view/83>. Acesso em: 11 jan. 2022.

ARQUIVO NACIONAL. **Dicionário brasileiro de terminologia arquivística**. Rio de Janeiro, 2005. Disponível em: <http://www.arquivonacional.gov.br/images/pdf/Dicion_Term_Arquiv.pdf>. Acesso em: 10 jan. 2022.

BAGGIO, C. C.; FLORES, D. Documentos digitais: preservação e estratégias. **BIBLOS – Revista do Instituto de Ciências Humanas e da Informação**, v. 27, n. 1, p. 11-24, 2013. Disponível em: <http://hdl.handle.net/20.500.11959/brapci/23959>. Acesso em: 10 jan. 2022.

BELLOTTO, H. L. **Arquivos permanentes**: tratamento documental. 2. ed. rev. e ampl. Rio de Janeiro: FGV, 2004.

BERNARDES, I. P. (Coord.); DELATORRE, H. **Gestão documental aplicada**. São Paulo: Sistema de Arquivos do Estado de São Paulo, 2008. Disponível em: <http://www.arquivoestado.sp.gov.br/site/assets/publicacao/anexo/gestao_documental_aplicada.pdf>. Acesso em: 10 jan. 2022.

BRASIL. Constituição (1988). **Diário Oficial da União**, Brasília, DF, 5 out. 1988. Disponível em: <http://www.planalto.gov.br/ccivil_03/Constituicao/Constituicao.htm>. Acesso em: 10 jan. 2022.

BRASIL. Decreto n. 1.799, de 30 de janeiro de 1996. **Diário Oficial da União**, Poder Executivo, Brasília, DF, 31 jan. 1996a. Disponível em: <https://www2.camara.leg.br/legin/fed/decret/1996/decreto-1799-30-janeiro-1996-422670-norma-pe.html>. Acesso em: 10 jan. 2022.

BRASIL. Decreto n. 4.073, de 3 de janeiro de 2002. **Diário Oficial da União**, Poder Executivo, Brasília, DF, 4 jan. 2002a. Disponível em: <https://www2.camara.leg.br/legin/fed/decret/2002/decreto-4073-3-janeiro-2002-430431-publicacaooriginal-1-pe.html>. Acesso em: 10 jan. 2022.

BRASIL. Decreto n. 7.845, de 14 de novembro de 2012. **Diário Oficial da União**, Poder Executivo, Brasília, DF, 16 nov. 2012a. Disponível em: <http://www.planalto.gov.br/ccivil_03/_Ato2011-2014/2012/Decreto/D7845.htm#art60>. Acesso em: 10 jan. 2022.

BRASIL. Decreto n. 8.539, de 8 de outubro de 2015. **Diário Oficial da União**, Poder Executivo, Brasília, DF, 9 out. 2015. Disponível em: <http://www.planalto.gov.br/ccivil_03/_Ato2015-2018/2015/Decreto/D8539.htm>. Acesso em: 10 jan. 2022.

BRASIL. Decreto n. 8.777, de 11 de maio de 2016. **Diário Oficial da União**, Poder Executivo, Brasília, DF, 12 maio 2016. Disponível em: <http://www.planalto.gov.br/ccivil_03/_ato2015-2018/2016/decreto/d8777.htm>. Acesso em: 10 jan. 2022.

BRASIL. Decreto n. 9.758, de 11 de abril de 2019. **Diário Oficial da União**, Poder Executivo, Brasília, DF, 11 abr. 2019a. Disponível em: <http://www.planalto.gov.br/ccivil_03/_ato2019-2022/2019/decreto/D9758.htm>. Acesso em: 10 jan. 2022.

BRASIL. Decreto n. 10.278, de 18 de março de 2020. **Diário Oficial da União**, Poder Executivo, Brasília, DF, mar. 2020a. Disponível em: <http://www.planalto.gov.br/ccivil_03/_ato2019-2022/2020/Decreto/D10278.htm>. Acesso em: 10 jan. 2022.

BRASIL. Decreto n. 10.332, de 28 de abril de 2020. **Diário Oficial da União**, Poder Executivo, Brasília, DF, 29 abr. 2020b. Disponível em: <http://www.planalto.gov.br/ccivil_03/_Ato2019-2022/2020/Decreto/D10332.htm#art14>. Acesso em: 10 jan. 2022.

BRASIL. Decreto-Lei n. 2.848, de 7 de dezembro de 1940. **Diário Oficial da União**, Poder Executivo, Brasília, DF, 31 dez. 1940. Disponível em: <https://www.planalto.gov.br/ccivil_03/decreto-lei/del2848.htm>. Acesso em: 10 jan. 2022.

BRASIL. Lei n. 5.433, de 8 de maio de 1968. **Diário Oficial da União**, Poder Executivo, Brasília, DF, 10 maio 1968. Disponível em: <http://www.planalto.gov.br/ccivil_03/LEIS/L5433.htm>. Acesso em: 10 jan. 2022.

BRASIL. Lei n. 8.159, de 8 de janeiro de 1991. **Diário Oficial da União**, Poder Legislativo, Brasília, DF, 9 jan. 1991. Disponível em: <https://www2.camara.leg.br/legin/fed/lei/1991/lei-8159-8-janeiro-1991-322180-norma-pl.html>. Acesso em: 10 jan. 2022.

BRASIL. Lei n. 9.605, de 12 de fevereiro de 1998. **Diário Oficial da União**, Poder Legislativo, Brasília, DF, 13 fev. 1998. Disponível em: <http://www.planalto.gov.br/ccivil_03/leis/L9605.htm>. Acesso em: 10 jan. 2022.

BRASIL. Lei n. 12.527, de 18 de novembro de 2011. **Diário Oficial da União**, Poder Legislativo, Brasília, DF, 18 nov. 2011. Disponível em: <http://www.planalto.gov.br/ccivil_03/_ato2011-2014/2011/lei/l12527.htm>. Acesso em: 10 jan. 2022.

BRASIL. Lei n. 12.682, de 9 de julho de 2012. **Diário Oficial da União**, Poder Legislativo, Brasília, DF, 10 jul. 2012b. Disponível em: <http://www.planalto.gov.br/ccivil_03/_ato2011-2014/2012/lei/l12682.htm>. Acesso em: 10 jan. 2022.

BRASIL. Lei n. 13.853, de 8 de julho de 2019. **Diário Oficial da União**, Poder Executivo, Brasília, DF, 9 jul. 2019b. Disponível em: <http://www.planalto.gov.br/ccivil_03/_Ato2019-2022/2019/Lei/L13853.htm#art1>. Acesso em: 10 jan. 2022.

BRASIL. Lei n. 13.874, de 20 de setembro de 2019. **Diário Oficial da União**, Poder Executivo, Brasília, DF, set. 2019c. Disponível em: <http://www.planalto.gov.br/ccivil_03/_ato2019-2022/2019/lei/L13874.htm>. Acesso em: 10 jan. 2022.

BRASIL. Medida Provisória n. 2.200-2, de 24 de agosto de 2001. **Diário Oficial da União**, Poder Executivo, Brasília, DF, 27 ago. 2001. Disponível em: <http://www.planalto.gov.br/ccivil_03/mpv/antigas_2001/2200-2.htm>. Acesso em: 10 jan. 2022.

BRASIL. Casa Civil. Secretaria-Executiva. Arquivo Nacional. Conselho Nacional de Arquivos. Resolução n. 20, de 16 de julho de 2004. **Diário Oficial da União**, Brasília, DF, 19 jul. 2004. Disponível em: <https://www.gov.br/conarq/pt-br/legislacao-arquivistica/resolucoes-do-conarq/resolucao-no-20-de-16-de-julho-de-2004>. Acesso em: 11 jan. 2022.

BRASIL. Casa Civil. Secretaria-Executiva. Arquivo Nacional. Conselho Nacional de Arquivos. Resolução n. 25, de 27 de abril de 2007. **Diário Oficial da União**, Brasília, DF, 27 abr. 2007. Disponível em: <https://www.gov.br/conarq/pt-br/legislacao-arquivistica/resolucoes-do-conarq/resolucao-no-25-de-27-de-abril-de-2007>. Acesso em: 10 jan. 2022.

BRASIL. Casa Civil. Secretaria-Executiva. Arquivo Nacional. Conselho Nacional de Arquivos. Resolução n. 32, de 17 de maio de 2010. **Diário Oficial da União**, Brasília, DF, 18 maio. 2010. Disponível em: <https://www.gov.br/conarq/pt-br/legislacao-arquivistica/resolucoes-do-conarq/resolucao-no-32-de-17-de-maio-de-2010>. Acesso em: 10 jan. 2022.

BRASIL. Ministério da Economia. Portaria n. 294, de 4 de agosto de 2020. **Diário Oficial da União**, Brasília, DF, 6 ago. 2020c. Disponível em: <https://www.in.gov.br/en/web/dou/-/portaria-n-294-de-4-de-agosto-de-2020-270708788>. Acesso em: 10 jan. 2022.

BRASIL. Ministério da Economia. **Sistema Eletrônico de Informações – SEI**. Disponível em: <https://www.gov.br/economia/pt-br/acesso-a-informacao/sei>. Acesso em: 21 fev. 2022a.

BRASIL. Ministério da Economia. **Sistema Eletrônico de Informações – SEI**: sobre. Disponível em: <https://www.gov.br/economia/pt-br/acesso-a-informacao/sei/sobre>. Acesso em: 10 jan. 2022b.

BRASIL. Ministério da Justiça. Conselho Nacional de Arquivos. Resolução n. 1, de 18 de outubro de 1995. **Diário Oficial da União**, Brasília, DF, 24 out. 1995. Disponível em: <https://pesquisa.in.gov.br/imprensa/jsp/visualiza/index.jsp?jornal=1&pagina=7&data=24/10/1995>. Acesso em: 10 jan. 2022.

BRASIL. Ministério da Justiça. Conselho Nacional de Arquivos. Resolução n. 5, de 30 de setembro de 1996. **Diário Oficial da União**, Brasília, DF, 11 out. 1996b. Disponível em: <https://pesquisa.in.gov.br/imprensa/jsp/visualiza/index.jsp?jornal=1&pagina=14&data=11/10/1996>. Acesso em: 11 jan. 2022.

BRASIL. Ministério da Justiça. Conselho Nacional de Arquivos. Resolução n. 36, de 19 de dezembro de 2012. **Diário Oficial da União**, Brasília, DF, 20 dez. 2012c. Disponível em: <https://www.gov.br/conarq/pt-br/legislacao-arquivistica/resolucoes-do-conarq/resolucao-no-36-de-19-de-dezembro-de-2012>. Acesso em: 10 jan. 2022.

BRASIL. Ministério da Justiça. Conselho Nacional de Arquivos. Resolução n. 39, de 29 de abril de 2014. **Diário Oficial da União**, Brasília, DF, 30 abr. 2014a. Disponível em: <https://www.gov.br/conarq/pt-br/legislacao-arquivistica/resolucoes-do-conarq/resolucao-no-39-de-29-de-abril-de-2014>. Acesso em: 10 jan. 2022.

BRASIL. Ministério da Justiça. Conselho Nacional de Arquivos. Resolução n. 40, de 9 de dezembro de 2014. **Diário Oficial da União**, Brasília, DF, 11 dez. 2014b. Disponível em: <https://pesquisa.in.gov.br/imprensa/jsp/visualiza/index.jsp?jornal=1&pagina=29&data=11/12/2014>. Acesso em: 10 jan. 2022.

BRASIL. Ministério da Justiça e Segurança Pública. Arquivo Nacional. Portaria n. 272, de 9 de novembro de 2020. **Diário Oficial da União**, Brasília, DF, 12 nov. 2020d. Disponível em: <https://www.in.gov.br/web/dou/-/portaria-n-272-de-9-de-novembro-de-2020-287791340>. Acesso em: 10 jan. 2022.

BRASIL. Presidência da República. Casa Civil. **Manual de redação da Presidência da República**. 3. ed. rev., atual. e ampl. Brasília, 2018. Disponível em: <http://www4.planalto.gov.br/centrodeestudos/assuntos/manual-de-redacao-da-presidencia-da-republica/manual-de-redacao.pdf>. Acesso em: 10 jan. 2022.

BRASIL. Presidência da República. Casa Civil. **Manual de redação**. 2. ed. rev., atual. e ampl. Brasília, 2002b.

BUENO, D. A. C.; RODRIGUES, A. C. Dos sistemas de arquivo à gestão de documentos: reflexões acerca das políticas públicas arquivísticas do Poder Executivo Estadual no Brasil. **Acervo**, Rio de Janeiro, v. 34, n. 1, p. 85-108, jan./abr. 2021.

CANÇADO, M. **Manual de semântica**: noções básicas e exercícios. São Paulo: Contexto, 2012.

CONARQ – Conselho Nacional de Arquivos. Câmara Técnica de Documentos Eletrônicos. **Modelo de requisitos para sistemas informatizados de gestão arquivística de documentos**: e-ARQ Brasil. Brasília, 2020. Disponível em: <https://www.gov.br/conarq/pt-br/assuntos/noticias/conarq-abre-consulta-publica-visando-a-atualizacao-do-e-arq-brasil/EARQ_v2_2020_final.pdf>. Acesso em: 9 jan. 2022.

DAVENPORT, T. **Conhecimento empresarial**: como as organizações gerenciam o seu capital intelectual. Rio de Janeiro: Elsevier, 2003.

FERREIRA, M. **Introdução à preservação digital**: conceitos, estratégias e actuais consensos. Portugal: Escola de Engenharia da Universidade do Minho, 2006. Disponível em: <https://repositorium.sdum.uminho.pt/bitstream/1822/5820/1/livro.pdf>. Acesso em: 11 jan. 2022.

IBGEEDUCA. **Conheça o Brasil**: população educação. Disponível em: <https://educa.ibge.gov.br/jovens/conheca-o-brasil/populacao/18317-educacao.html>. Acesso em: 10 jan. 2022a.

IBGEEDUCA. **Uso de internet, televisão e celular no Brasil**. Disponível em: <https://educa.ibge.gov.br/jovens/materias-especiais/20787-uso-de-internet-televisao-e-celular-no-brasil.html>. Acesso em: 10 jan. 2022b.

INDOLFO, A. C. Avaliação de documentos de arquivo: atividade estratégica para a gestão de documentos. **Revista do Arquivo Geral da Cidade do Rio de Janeiro**, n. 6, p. 13-37, 2012. Disponível em: <http://wwwo.rio.rj.gov.br/arquivo/pdf/revista_agcrj_pdf/revista_AGCRJ_6_2012.pdf>. Acesso em: 11 dez. 2021.

INNARELLI, H. C. Preservação digital e seus dez mandamentos. In: SANTOS, V. B. dos; INNARELLI, H. C.; SOUSA, R. T. B. de. **Arquivística**: temas contemporâneos – classificação, preservação digital, gestão do conhecimento. Distrito Federal: Senac, 2007. p. 19-75.

ISO – International Organization for Standardization. **ISO 14721**: **Space Data and Information Transfer Systems**: Open Archival Information System (OAIS) – Reference Model. Geneva, Switzerland: 2012.

LUIZARI, K. **Comunicação empresarial eficaz**: como falar e escrever bem. Curitiba: Ibpex, 2010.

MARIZ, A. C. A. Internet e arquivologia: instituições arquivísticas, usuários e Lei de Acesso à Informação. **InCID: Revista de Ciência da Informação e Documentação**, Ribeirão Preto, v. 3, n. 2, p. 28-47, 2012. Disponível em: <https://www.revistas.usp.br/incid/article/view/48652/52723>. Acesso em: 10 jan. 2022.

MEDEIROS, J. B. **Correspondência**: técnica de comunicação criativa. 19. ed. São Paulo: Atlas, 2008.

MEDEIROS, J. B. **Redação empresarial**. 7. ed. São Paulo: Atlas, 2010.

MEDEIROS, J. B.; HERNANDES, S. **Manual da secretária**: técnicas de trabalho. 10. ed. São Paulo: Atlas, 2006.

MENOU, M. J. Cultura, informação e educação de profissionais de informação nos países em desenvolvimento. **Ciência da Informação**, v. 25, n. 3, 1996. Disponível em: <http://revista.ibict.br/ciinf/article/view/626/630>. Acesso em: 10 jan. 2022.

MICHAELIS. Dicionário brasileiro da língua portuguesa. São Paulo: Melhoramentos, 2015. Disponível em: <https://michaelis.uol.com.br/moderno-portugues/busca/portugues-brasileiro/documento/>. Acesso em: 10 jan. 2022.

MIRANDA, R. C. da R. O uso da informação na formulação de ações estratégicas pelas empresas. **Ciência da Informação**, Brasília, v. 28, n. 3, p. 286-292, dez. 1999. Disponível em: <https://www.scielo.br/j/ci/a/r7L9msHr6FfrYpJ5PKk8fsS/?format=pdf&lang=pt>. Acesso em: 10 jan. 2022.

PAES, M. L. **Arquivo**: teoria e prática. 3. ed. rev. e ampl. Rio de Janeiro: FGV, 2004.

PARANÁ. Decreto n. 3.575, de 22 de dezembro de 2011. **Diário Oficial do Estado**, Curitiba, 3 jan. 2012. Disponível em: <https://www.legislacao.pr.gov.br/legislacao/pesquisarAto.do?action=exibir&codAto=63024&indice=1&totalRegistros=2&dt=21.2.2020.18.33.16.601>. Acesso em: 10 jan. 2022.

PARANÁ. Decreto n. 9.928, de 23 de janeiro de 2014. **Diário Oficial do Estado**, Curitiba, 23 jan. 2014. Disponível em: <http://www.administracao.pr.gov.br/sites/default/arquivos_restritos/files/documento/2019-10/decreto_9928_de_2014_-_institui_o_sistema_e-protocolo.pdf>. Acesso em: 10 jan. 2022.

PARANÁ. Secretaria da Administração e da Previdência. **eProtocolo**. Disponível em: <https://www.eprotocolo.pr.gov.br/spiweb/consultarProtocoloDigital.do?action=iniciarProcesso>. Acesso em: 21 fev. 2022.

PARREIRAS, F. S. A evolução dos sistemas de gestão da informação: do GED à gestão do conhecimento. **TecHoje**: revista do Instituto de Educação Tecnológica (Ietec), Brasília. Disponível em: <http://www.techoje.com.br/site/techoje/categoria/detalhe_artigo/235>. Acesso em: 10 jan. 2022.

RODRIGUEZ, M. V. R.; FERRANTE, A. J. **Tecnologia de informação e gestão empresarial**. 2. ed. Rio de Janeiro: E-Papers, 2000.

SANTOS, J. T.; REIS, L. **Arquivologia facilitada**: teoria e questões comentadas. Rio de Janeiro: Elsevier, 2011.

SANTOS, V. B. dos. Preservação de documentos arquivísticos digitais. **Ciência da Informação**, Brasília, DF, v. 41, n. 1, p. 114-126, jan./abr. 2012. Disponível em: <http://revista.ibict.br/ciinf/article/view/1357/1536>. Acesso em: 10 jan. 2022.

SCHÄFER, M. B.; FLORES, D. A digitalização de documentos arquivísticos no contexto brasileiro. **Tendências da Pesquisa Brasileira em Ciência da Informação**, São Paulo, v. 6, n. 2, jul./dez. 2013.

SENGE, P. M. **A quinta disciplina**: arte e prática da organização que aprende – uma nova e revolucionária concepção de liderança e gerenciamento empresarial. 16. ed. rev. e ampl. São Paulo: Best Seller, 2004.

SETZER, V. W. Dado, informação, conhecimento e competência. **DataGramaZero**, v. 0, n. 0, 1999. Disponível em: <http://hdl.handle.net/20.500.11959/brapci/7327>. Acesso em: 10 jan. 2022.

SHINYASHIKI, G. T.; TREVIZAN, M. A.; MENDES, I. A. C. Sobre a criação e a gestão do conhecimento organizacional. **Revista Latino-Americana de Enfermagem**, Ribeirão Preto, v. 11, n. 4, p. 499-506, ago. 2003. Disponível em: <https://www.revistas.usp.br/rlae/article/view/1794/1841>. Acesso em: 10 jan. 2022.

TANUS, G. F. de S. C.; RENAU, L. V.; ARAÚJO, C. A. A. O conceito de documento em arquivologia, biblioteconomia e museologia. **Revista Brasileira de Biblioteconomia e Documentação**, São Paulo, v. 8, n. 2, p. 158-174, jul./dez. 2012. Disponível em: <https://rbbd.febab.org.br/rbbd/article/viewFile/220/234>. Acesso em: 10 jan. 2022.

THOMAZ, K. de P.; SANTOS, V. M. Metadados para o gerenciamento eletrônico de documentos de caráter arquivístico – GEAD/A: estado comparativo de modelos e formulação de uma proposta preliminar. **DataGramaZero**, Brasília, v. 4, n. 4, ago. 2003. Disponível em: <https://brapci.inf.br/_repositorio/2010/01/pdf_2c9b077fe3_0007504.pdf>. Acesso em: 10 jan. 2022.

VALENTIM, M. L. P. Inteligência competitiva em organizações: dado, informação e conhecimento. **DataGramaZero**, v. 3, n. 4, ago. 2002. Disponível em: <https://www.brapci.inf.br/_repositorio/2010/01/pdf_f589d25523_0007468.pdf>. Acesso em: 10 jan. 2022.

VALENTINI, R. **Arquivologia para concursos**: teoria e 280 questões. 2. ed. atual. Rio de Janeiro: Elsevier, 2009.

Bibliografia comentada

ARQUIVO NACIONAL. **Dicionário brasileiro de terminologia arquivística**. Rio de Janeiro, 2005. Disponível em: <http://www.arquivonacional.gov.br/images/pdf/Dicion_Term_Arquiv.pdf>. Acesso em: 10 jan. 2022.

Trata-se de um material de consulta e apoio para ocasiões em que você se deparar com uma terminologia arquivística desconhecida.

BRASIL. Decreto n. 9.758, de 11 de abril de 2019. **Diário Oficial da União**, Poder Executivo, Brasília, DF, 11 abr. 2019. Disponível em: <http://www.planalto.gov.br/ccivil_03/_ato2019-2022/2019/decreto/D9758.htm>. Acesso em: 10 jan. 2022.

A forma de tratamento adotada a partir da promulgação do Decreto n. 9.758/2019 foi *senhor/senhora*. Para eventuais questionamentos a respeito dessa mudança, você poderá consultar o documento na íntegra.

BRASIL. Lei n. 8.159, de 8 de janeiro de 1991. **Diário Oficial da União**, Poder Legislativo, Brasília, DF, 9 jan. 1991. Disponível em: <https://www2.camara.leg.br/legin/fed/lei/1991/lei-8159-8-janeiro-1991-322180-norma-pl.html>. Acesso em: 10 jan. 2022.

Essa é a lei mais importante da arquivística, pois determina a política nacional relativa aos arquivos públicos e privados. Estabelece as normas a serem seguidas para a criação, a manutenção e a conservação de arquivos públicos e privados no país.

BRASIL. Presidência da República. Casa Civil. **Manual de redação da Presidência da República**. 3. ed. rev., atual. e ampl. Brasília, 2018.

O *Manual de redação da Presidência da República* passou por atualização e ampliação em 2018, o que foi extremamente importante. É necessário conhecer em detalhes esse material para utilizá-lo da melhor forma possível.

PAES, M. L. **Arquivo**: teoria e prática. 3. ed. rev. e ampl. Rio de Janeiro: FGV, 2004.

Esse livro é consulta obrigatória na arquivística. O livro é considerado referência na área, afinal, sua autora foi servidora do Arquivo Nacional, membro do Conselho Nacional de Arquivos, sendo inclusive apontada como responsável pela sua instalação. Marilena Leite Paes faleceu em 3 de janeiro de 2020, deixando uma enorme contribuição para a arquivologia do país.

PARANÁ. Decreto n. 3.575, de 22 de dezembro de 2011. **Diário Oficial do Estado**, Curitiba, 3 jan. 2012. Disponível em: <https://www.legislacao.pr.gov.br/legislacao/pesquisarAto.do?action=exibir&codAto=63024&indice=1&totalRegistros=2&dt=21.2.2020.18.33.16.601>. Acesso em: 10 jan. 2022.

Por meio desse decreto, o Governo do Paraná estabelece que a gestão de documentos do estado é realizada pelo Programa de Gestão Documental, cuja principal ferramenta de uso é o *Manual de gestão documental do Paraná*.

SENGE, P. M. **A quinta disciplina**: arte e prática da organização que aprende – uma nova e revolucionária concepção de liderança e gerenciamento empresarial. 16. ed. rev. e ampl. São Paulo: Best Seller, 2004.

Nesse livro, Peter M. Senge apresenta as bases para a implementação da organização que aprende. Trata de temas muito importantes na atualidade, como aprendizagem organizacional.

Sobre a autora

Diana Gurgel Pegorini é doutora e mestre em Educação pela Pontifícia Universidade Católica do Paraná (PUCPR), especialista em Metodologias Inovadoras na Ação Docente pela mesma instituição e especialista em Formação de Professores e Tutores em EaD pela Universidade Federal do Paraná (UFPR). É licenciada em Língua Inglesa pelo Programa de Formação Pedagógica do Centro Federal de Educação Tecnológica do Paraná (atual Universidade Tecnológica Federal do Paraná – UTFPR) e em Pedagogia pela Universidade do Sul de Santa Catarina (Unisul) e bacharel em Secretariado Executivo pela PUCPR.

Tem experiência de mais de 20 anos na docência, com atuação em instituições de ensino superior públicas e privadas como professora, coordenadora de grupo de pesquisa, coordenadora de curso, coordenadora e orientadora de trabalhos de conclusão de curso (TCC) e coordenadora de estágios obrigatórios e não obrigatórios.

Impressão:
Fevereiro/2022